◇ 和创造世界名牌的人
「 一起放飞梦想 」

◇ 美丽使者雅诗兰黛

meili shizhe yashilandai

◇ 翁和弟 ◆编著

吉林出版集团有限责任公司

图书在版编目（ＣＩＰ）数据

美丽使者雅诗兰黛 / 翁和弟编著. -- 长春：吉林出版集团有限责任公司，2014.8

（和创造世界名牌的人一起放飞梦想）

ISBN 978-7-5463-6965-5

Ⅰ.①美… Ⅱ.①翁… Ⅲ.①劳德，E.（1908～2004）—生平事迹—青年读物②劳德，E.（1908～2004）—生平事迹—少年读物 Ⅳ.①K837.125.38

中国版本图书馆CIP数据核字（2013）第269114号

美丽使者雅诗兰黛
MEILI SHIZHE YASHILANDAI

编　　著：	翁和弟
项目负责：	陈　曲
责任编辑：	金　昊　王傲然
出　　版：	吉林出版集团股份有限公司
发　　行：	吉林出版集团社科图书有限公司
电　　话：	0431-81629727
印　　刷：	北京一鑫印务有限责任公司
开　　本：	710mm×960mm 1/16
字　　数：	100千字
印　　张：	12
版　　次：	2014年9月第1版
印　　次：	2019年7月第2次印刷
书　　号：	ISBN 978-7-5463-6965-5
定　　价：	23.80元

如发现印装质量问题，影响阅读，请与出版方联系调换。0431-81629727

梦想与生命共存　传奇与我们同在

当你拥有这套《和创造世界名牌的人一起放飞梦想》系列丛书并真正读懂它的时候，祝贺你，你已经向成功又迈进了一大步，并可以为自己的人生勾画一张蓝图了。

开卷有益，我们不是猎奇，不是对世界名人和超级品牌的奇闻轶事简单地一声惊叹，而且通过阅读，让我们的视野变得更加开阔，让我们能够更好地认识这个世界，并找到适合自己的成功之路。

这是一套全方位满足你阅读愿望的好书，文字鲜活，引人入胜。这里有商界巨鳄的传奇创业故事，也有他们普通如你我的日常生活，当你随着一行行文字重走他们的人生之路时，你的心一定会在波澜起伏中感到一种快意。或许他们的成功不能复制，但是他们的坚忍、执着、宽容——这些成功的要素，我们可以复制。

通过阅读名人的成长故事，重温名人的创业之路，我们会发现，健全的人格、自由的意志、高远的理想、敢于实践的勇气、高瞻远瞩的见地、坚毅勇敢的性格、理性处世的原则、独立思考的习惯、幽默风趣的表达方式……一个人成功的诸多要素都以具体而形象的方式展现在你的面前。

每个人都有自己的生活轨迹，然而成功之路殊途同归，这一路上你的行囊里必须要装入梦想、希望、宽容和坚忍。

请给自己一个梦想吧！梦想是成功的种子，梦想是希望的支点。从这套书中你会发现，每一个了不起的品牌里都承载了品牌创始人那激越的梦想。是梦想，让他们充满激情，斗志昂扬；是梦想，在困境中带给他们希望，让他们有了坚持下去的勇气；是梦想，激励他们不断向前进！

为梦想不懈地努力吧！从这套书中你会明白，任何人的成功都不会一帆风顺，在鲜花和掌声的背后，有太多不为人知的痛苦。那些创业中的失败、徘徊和挫折，对我们来说更具有启迪的价值。真正的勇敢者，并不是无所畏惧，而是在面对挫折的时候，能及时调整自己，正视艰难困苦，不放弃希望。所谓成功，不过是努力的另一个名字罢了。

伟大的戏剧家莎士比亚曾说："一个最困苦、最卑贱、最为命运所屈辱的人，只要还抱有希望，便无所怨惧。"

生命只有一次，让我们在阅读中汲取无穷的力量吧！《和创造世界名牌的人一起放飞梦想》系列丛书会带你走进一个传奇世界，仔细阅读并把你的梦想付诸实践，你也许会成为下一个传奇。

带上我们的梦想启程，为我们璀璨夺目的人生而奋斗！

目录
Content

前 言

Introduction

　　2004年4月24日，国际著名化妆品牌"雅诗兰黛"（Estēe Lauder）的创始人，有"美国化妆品女王"之称的雅诗·兰黛女士因心肺衰竭，在美国纽约曼哈顿的家中去世，结束了她辉煌的一生。随着伊人的逝去，她的真实年龄成了一个永远的谜：据雅诗兰黛公司发言人透露，雅诗·兰黛夫人去世时97岁；但雅诗·兰黛夫人的传记作者李·伊斯雷尔却表示，她生于1908年7月1日，据此推算，其终年应为95岁。

　　其实，即便雅诗·兰黛女士在世的时候，也没有人能从她或者她的家人那里，得到任何有关她真实年龄的确切信息。当年，雅诗兰黛公司的总裁、雅诗·兰黛的大儿子里奥纳多在接受记者采访时，只要一问到母亲的年龄，他就会老老实实地回答："我得回去问一下雅诗·兰黛夫人，看看她这个星期是多少岁。"因为里奥纳多知道，雅诗·兰黛热衷于玩这样的游

和创造世界名牌的人

一起放飞梦想

Let the dream fly

戏，每次接受采访，她都要更换自己的出生年月，所以几乎每个星期她都会有一个不同的年龄。

一个人的年龄居然有许多不同的版本，这对于我们来说更像是一则笑话。不过，其中的原因说穿了也并不稀奇，一位以播撒美丽为职业的女性当然希望永葆青春，她宁愿人们猜测她看起来像是几岁，而不愿告诉人们她实际的年龄。不过，很少有人像雅诗·兰黛夫人这样把年龄的秘密一直保守到生命消逝，这种坚持到底的精神令人钦佩。而恰恰是这种坚持精神，才让这位出身贫寒的"灰姑娘"依靠自己的努力，最终登上了化妆品女王的宝座。

毫无疑问，雅诗·兰黛女士是一位伟大的女性，她没有显赫的出身，也没有多少美容护肤品方面的从业经验，更不用说有强有力的依靠，她完全是凭自己的聪颖好学掌握了一定的化学知识和配制护肤品的技巧。她的事业从家中那间小小的被她当作实验室的厨房起步，从街头推销面霜，到进入美容沙龙，再到建立世界著名的化妆品企业雅诗兰黛，并且在半个世纪的时间里，她把这家化妆品公司发展成一个拥有包括"雅诗兰黛""倩碧"等五个著名品牌在内、其产品在全球130个国家畅销的化妆品巨头。这一切成就的取得，都离不开雅诗·兰黛女士锲而不舍的努力，以及她在化妆品研发和营销方面表现出的杰出才能和傲人天分。在2003年《财富》杂志推出的"美

国企业500强"的排行榜上，雅诗兰黛公司以47亿多美元的收入，名列第349位。

雅诗·兰黛女士缔造了令所有女性心驰神往的美丽王国，创造了让所有男性感叹的巨大财富，这样一位女性，绝对可以用"非凡"两个字来形容。雅诗·兰黛女士并非普通女性，因此我们不能用身边的女性作为参照来解读她的人生故事。她并不可爱，但是她的奋斗精神值得我们尊敬；她有时甚至并不可信，但是她对女性消费心理的精准把握令我们叹为观止；直到今天，她创造的一些营销手段仍在商业界被广泛使用并卓有效果。她意志坚定，一旦确定目标，不管面对多少艰难险阻，她都会毫不畏惧，勇往直前；她善于创造机会，更能把握有利时机，只要是对她的事业有帮助的人和事，她总能充分地加以利用。正是这些性格和特质，成就了雅诗·兰黛不老的美丽传奇，更塑造了一个出色的商业巨擘——和与她并称美容帝国三女王的赫莲娜·鲁宾斯坦夫人、伊丽莎白·雅顿小姐相比，她是唯一一个能够将财富牢牢掌握在自己家族里的女强人。一直到1998年，她还是《时代》周刊评选出的20世纪最富有影响力的20个商业天才中唯一的女性。她的名字跟杰奎琳·肯尼迪、南希·里根一起，屡次在美国民意测验中进入最受美国人尊敬的女人之列。

今天，当我们捧起这本雅诗兰黛传奇，会很自然地想要

探究这个品牌的创始人雅诗·兰黛夫人成功的秘密。的确，任何人的成功都有其与众不同的独到之处，对于雅诗·兰黛来说同样如此。如果说让女人变得更美丽是她的毕生追求，那么，赚大笔钱、改变童年状况的强烈愿望则是驱使她不断向前的不竭动力。这个出生于纽约的贫民区，在一个匈牙利犹太籍大家庭里长大的姑娘，一直向往着过另外一种不一样的生活，她渴望住在一个高尚的地方，而不是一个被巨大垃圾堆包围着的小镇；她渴望自己的生活被鲜花和掌声簇拥，成为聚光灯下的焦点，而不是在一个小小的五金店里平淡地度过一生。幸运的是，萧兹舅舅为她打开了一扇通往美丽新世界的大门，也为她带来了让梦想照进现实的机会，而她则紧紧地抓住了这个机会，通过自己不懈的努力，创造了雅诗兰黛这样一个世界知名的化妆品品牌，同时也让自己过上了一直向往的那种奢华高雅的"上流阶层"生活。

纵观雅诗·兰黛女士的一生，我们不得不承认，她是一个聪明的女性。她知道，美丽是所有女性不变的追求，以此为毕生的事业和追求，就永远不用担心没有顾客上门，不用担心产品没有销路；她更知道，这个美丽的世界也是现实社会的缩影。在这里，谁拥有了高尚的地位，谁就拥有了定义美丽的权力，以及左右潮流的力量，谁就能吸引大批的追随者和崇拜者。因此，她费尽心机地粉饰自己的出身，粉饰雅诗兰黛的出身，想方设法地接近上层人物，温莎公爵夫妇、摩洛哥的葛蕾丝·凯莉王妃、美国第一夫人南希·里根，并最终如愿以偿地跻身那个她一直神往的阶层，成为其中的一员。而到了那个时候，美国化妆品业的半壁江山都已被她所占据，关于时尚，关于潮流，她拥有了毋庸置疑的话语权。

从这位美丽神话的缔造者身上，我们能够看到什么？从她多姿多彩的漫长一生中，我们能体会到什么？很多人以为，在这个以美丽为诉求的行业里，所有的奋斗进取不过是一些风花雪月的小故事，可事实并非如此。在这个行业里，品牌之间竞争的激烈残酷不亚于任何一场商业战争，而作为一个美容帝国的掌舵者，雅诗·兰黛女士不仅具有超人的智慧、果敢的行动、坚定的信念、澎湃的野心，同时也具有旺盛的生命力和出人意料的创新能力以及营销能力。这些因素的叠加，使她的成功变成了一种必然。

这位不同凡响的女性，是如何从一个跑到纽约富人区眼巴巴地看着别人打网球的小姑娘，成长为一个游走于达官巨富之间的化妆品女王的？她通过怎样的努力，彻底改变了自己的人生轨迹？让我们一起来看看吧！

Estēe Lauder

第一章　**默默无闻的小镇少女**

Estēe Lauder

第一节　敢作敢为的母亲

女人固然是脆弱的，母亲却是坚强的。

——雨果

对于一个孩子来说，未来会走上什么样的人生道路，成为一个什么样的人，与他的性格、品格、个人意愿、家庭环境、教育背景、社会状况等诸多因素都有关系。比如说，世界著名的音乐家莫扎特出生于音乐世家，他的父亲是萨尔斯堡宫廷音乐的作曲家和音乐指挥，是当时有名的小提琴手。在这样一个充满了跳动音符的家庭中，莫扎特从小就对音乐表现出浓厚的兴趣。他4岁开始弹琴，5岁开始作曲，6岁已经不断赴各地演出。从他的经历中我们可以看到，走上音乐道路，对于莫扎特来说，无论从个人的天分和兴趣爱好的角度，还是从家庭的熏陶和教育引导的角度，都是一种自然而然的选择。雅诗·兰黛女士之所以会踏入化妆品王国，是否也隐藏着某些必然的因素呢？比如说，家庭的影响，环境的熏陶？抑或是少女时代的一个梦？

孩子的成长离不开父母的教诲，所以，当我们去探究一个人成功的秘密时，很自然就会想去了解在他成长的过程中父母对他潜移默化的影响。尽管时至今日我们已无法还原雅诗·兰黛和母亲相处的点点滴滴，但是从雅诗·兰黛坚毅果敢的性格中，我们依稀可以看到她的母亲，那个拖儿带女勇闯美洲大陆的罗丝的影子。

雅诗·兰黛的母亲名字叫罗丝·萧兹·罗森特·蒙泽，之所以有这么长的一串名字，是因为罗丝在嫁给雅诗·兰黛的父亲马克斯·蒙泽之前曾经有过一段婚姻，这段婚姻虽然持续的时间并不长，但却给她留下了5个儿女，并依照习俗，在她的名字中留下了丈夫的姓氏。她的第一任丈夫叫亚伯拉罕·罗森特，他是一个外表可爱但内心却充满了不安分想法的土耳其人。他们在罗丝的家乡匈牙利举行婚礼后，数年内，罗丝为亚伯拉罕接连生了7个孩子（其中有2个孩子出生不久就夭折了），自然，这对小夫妻的日子随着孩子们的相继到来也越来越艰难。

没有人愿意过这样的苦日子，亚伯拉罕更无时无刻不在琢磨着改变自己的人生。终于有一天，亚伯拉罕告诉罗丝，他决定到大洋彼岸的美国去。也许是为了让罗丝支持他的决定，他把道听途说的关于美国的种种好处添油加醋地向妻子描绘了一番。于是，在罗丝的眼中，美国成了一个遍地黄金、石油，还有数不尽的铁路工程和建筑工程的新大陆。亚伯拉罕信誓旦旦地向罗丝保证，到了美国，谋生肯定不成问题，运气好的话说不定还能找到金矿或油田什么的，那就摇身一变成了百万富翁！

事实上，亚伯拉罕说这番话的时候，正是许多像他这样的东欧移民向美国进军的开始。从1881年开始，数不清的东欧各国移民（主要是犹太人）潮水般一拨一拨地涌向美国，一直到20世纪30年代才渐渐平息，持续了将近40年，是美国有史以来规模最大的一次犹太人移民潮。而在最终胜利到达美国的人当中，绝大多数人将纽约作为最终的落脚点。

其实，许多像亚伯拉罕这样不安于现状的年轻人选择去美国淘金，倒不完全是盲目跟风。作为一个建立不到150年的年轻国家，美国的确充满了勃勃的生机和活力，它的经济总值迅速增长，社会环境也相当稳定，就凭这一点，就足以吸引身在争执不断的奥匈帝国的"亚伯拉罕们"了。

临行前，亚伯拉罕信誓旦旦地向妻子罗丝许诺，一旦他在美国站住脚，立刻就接他们母子过去。我们不能肯定他一开始就是在撒谎欺骗妻子，但后来的事实证明，他的承诺最终并没有兑现。亚伯拉罕一去不回，仿佛一个断了线的风筝一样，不知飘落在哪里，甚至连一封信都没有。从此，他在罗丝和孩子们的生活中永远地消失了。

罗丝的个性可以用"外柔内刚"来形容，一般人只觉得她温柔沉静，没有人知道在这个女人娇小的身躯里蕴藏着怎样的胆识和魄力。当丈夫久去不归并杳无音讯时，罗丝就和姐姐莎拉简单商量后决定：到美国去！

那时候可不像现在有发达便捷的交通工具、四通八达的交通网络，让环游世界都变得简单，对于罗丝来说，要去美国，她只能选择漂洋过海这一种方式，而且行程将近半个月。乘船旅行貌似浪漫，但困在茫茫大海上半个月，这可就一点儿也不好玩了。除此之外，罗丝一句英语也不会说，还带着5个幼小的孩子，漫长的旅途，他们将如何度过？就算他们熬过了船上的日子，到了美国，纽约那么大，他们又该去哪里寻找音讯全无、生死未卜的亚伯拉罕？找不到又该怎么办？这些顾虑相信罗丝并非没有，不过，正如她的犹太祖先一样，在罗丝的身体里，同样流淌着敢作敢为的血液，而且，她的祖国局势动荡，生活不易，与其这样，不如冒一次险，说不定还能有机会过上安宁平静的日子。这个29岁的女人决心已定，立刻开始着手准备，一边跟亲朋好友借钱，筹集去美国的路费，一边办理出国的各种手续。

罗丝和她的孩子们坐上了"帕拉西亚号"邮轮，从德国的汉堡港出发，开始了万里迢迢、前途未卜的寻夫之旅。后来，回忆起当时的情形，罗丝说她自己都不知道自己是如何熬过来的。漫长的12天里，她独自一人，一边照顾5个年幼的孩子，一边默默忍受着晕船造成的强烈不适。而对于年幼的孩子们来说，海上旅行在当时来说是一件十分危险的事情，因为那时候医疗条件有限，孩子们一旦在长途旅行中生病，会因无法得到及时救治而危及生命安全。幸运的是，罗丝的5个孩子全都安然无恙，这对于罗丝来说无疑是一个极大的安慰。

1898年8月5日，当"帕拉西亚号"邮轮即将停靠在纽约港时，罗丝和她的孩子们也终于要结束这生命中最漫长的一次旅行。恐怕就连罗丝自己也无法清楚地描述此时的心情，有几分释然，就有几分忐忑；有几分期待，就有几分不安。不过，当在阳光的照耀下闪闪发光的自由女神像映入眼帘的时候，罗丝还是不由自主地松了一口气。尽管这个年轻的匈牙利女人可能并不了解这个大理石塑像的特别意义，不过她知道，她到达目的地了。至于女神手中的火炬能否为她照亮未知的前程，她不知道，也无法想那么多、那么远，她也只能走一步看一步了。

第二节　聪明务实的父亲

> 家庭是父亲的王国，母亲的世界，儿童的乐园。
>
> ——爱默生

不出所料，罗丝找不到她的丈夫亚伯拉罕，在纽约这样一个世界闻名的大都市里，寻找一个像亚伯拉罕那样的小人物，其难度不亚于大海捞针。这样的结果虽然早在罗丝的意料之中，但她还是感到十分失望。没有了家里的顶梁柱，罗丝靠什么养大这些孩子呢？纽约虽大，哪里才是他们的安身之处呢？

正如俗话所说，天无绝人之路，这一家人虽然在纽约举目无亲，但却非常幸运地得到了犹太人同乡的帮助。作为广泛分布于世界各国的一个族群，犹太人不仅非常聪明，而且十分团结，尤其是从同一个地方背井离乡，来到一个陌生国度的犹太人，他们之间的关系更加紧密，而且往往聚居在同一个地区。像罗丝这样的东欧移民，大多居住在纽约的布鲁克林区、昆士区，罗丝和她的孩子们在同乡的帮助下，落脚在昆士区的皇冠镇。

一百多年前的纽约与今天的纽约可完全不是一个概念，别的不说，单看城市规模，当年的纽约市区只是很小的一块地方。像皇冠镇，虽然名义上属于纽约的昆士区，但是它的周围遍布森林，一派乡村景色，因此并不属于真正的纽约市区，这也使得此地的房租十分便宜，日常生活费用也不高，许多贫困的外国移民纷纷来此居住，使得这个寂静的小镇逐渐变得热闹起来。

罗丝的遭遇获得了那些老乡的同情，他们主动帮助罗丝四处打听亚伯拉罕的消息。按照常理来说，同为东欧移民，彼此之间都会有一些联系，何况这个圈子并不算大，可是偏偏没有任何人知道有关亚伯拉罕的消息，这个人就像是一滴蒸发了的水滴一样，谁也找不到。

渐渐地，罗丝对寻找丈夫不再抱任何希望，她相信自己的丈夫一定已经不在了。熬过最伤心的那段日子，这个坚强的女人擦干眼泪，开始盘算自己如何才能养大孩子们。

身无一技之长，又不能说流利的英语，罗丝能干什么呢？好在作为女人，简单的缝缝补补功夫她还是有的，就是靠着帮别人做一些简单针线活的微薄收入，罗丝艰难地拉扯着孩子们，维持着这一大家子的生计。必须承认，罗丝是一个性格坚忍的母亲，这种可想而知的窘迫生活足足持续了6年的时

间，她依然十分乐观。直到罗丝的姐姐莎拉也来到美国，这一大家子的生活才算有了一些起色。姐姐不仅能分担妹妹的忧愁，也能时不时给罗丝一些实际上的帮助，例如帮助罗丝照顾照顾幼小的孩子，或者偶尔在经济上接济他们一下，好让罗丝也有时间喘口气。

通常情况下，生活的艰辛和磨砺不仅会让一个人变得心浮气躁，甚至也会在人的外貌上毫不客气地打下印记。不过，罗丝是个例外，仿佛是老天为了补偿加在她身上的苦难而对她网开一面一样，罗丝不仅保持着温柔的性格，娟秀的容貌、圆润的身材也一直没有因岁月的流逝和生活的操劳而受到影响，她那一头灰黑色的长发也总是闪耀着动人的光泽。可以说，罗丝依然是一个漂亮的女人，这样的女人，想要再嫁并不是太困难的事情。在皇冠镇，很多男人愿意替罗丝撑起一片天空，这其中就包括皇冠镇上的年轻裁缝马克斯·蒙泽。

蒙泽喜欢罗丝吗？当然，漂亮的女人总是能令人心动，不过，喜欢和娶回家可不是一件事，尤其对于蒙泽这样整天忙于生计的人来说，漂亮可不能当饭吃，他更需要一个沉稳能干、任劳任怨的女人和他一起为生活打拼。罗丝一个人带着5个孩子生活多年，她身上显然具备蒙泽欣赏和需要的优点。

对于经历了一次婚姻的罗丝而言，她对男人的要求无疑更加简单，也更加实际，用一句话来概括就是：接纳她的孩子们，养活她的孩子们。这一次，她找对了人，蒙泽虽然外形看起来威猛，但骨子里是个温柔的男人，他爱家，尤其喜爱大家庭，这一点遗传自他的犹太祖先；他爱孩子，不管是不是他亲生的，只要叫他一声"爸爸"，他都能视如己出，平等对待。

一番衡量之后，1904年夏，蒙泽和罗丝举行了婚礼。也许对于年轻的读者来说，这样权衡得失利弊的婚姻殊不浪漫，但对于饱尝生活艰辛的人而言，柴米油盐的生活就是这样实际，平淡固然是有些平淡，但好处是长久。

现在，让我们来具体了解一下马克斯·蒙泽这个人。

看到"蒙泽"这个姓氏，了解的人都知道它属于匈牙利的美因兹家族。这个家族几百年来一直在匈牙利从事珠宝行业，不仅家大业大，而且攀权附贵，地位显赫。但是很遗憾，马克斯·蒙泽并不是这个家族的子孙。那么，为什么马克斯会有蒙泽这样一个姓呢？

这还得从1899年马克斯初来美国的时候说起。那时候，他偶然结识了一个名叫约瑟夫·蒙泽的年轻人，这个年轻人是如此地热爱炫耀，可除了他那显赫的姓氏外，他自己真没有什么值得吹嘘的，于是他只好搜肠刮肚地把"蒙泽"这个姓氏的尊贵使劲渲染了一番。说者无意，听者有心，马克斯可是个头脑灵活的年轻人，他本能地意识到，一个像"蒙泽"这样赫赫有名的姓氏，对于他在美国的犹太人中更好地生存、发展是非常有帮助的。于是，他悄悄地把自己的名字改成了马克斯·蒙泽。我们只能说，他运气不错，因为此后他和那个叫约瑟夫·蒙泽的年轻人再也没有见过面，这个年轻人因为盗窃珠宝而入狱，从此就在纽约的犹太人圈子里消失了。这就让马克斯从此心安理得地使用这个其实并不属于他的姓氏。

和罗丝结婚的时候，马克斯·蒙泽刚满26岁，比罗丝整整小了9岁。不过，罗丝皮肤白皙，身材娇小，而马克斯皮肤黧黑，高大老成，两个人站在一起很般配。马克斯·蒙泽不仅外形上看起来踏实可靠，而且他性格沉稳，对家庭、对妻儿非常有责任心，是那种愿意挑起生活重担、让家人过幸福日子的男子汉，这一点让罗丝十分满意。

马克斯平时话不多，但周围人有什么事他都愿意帮忙，因此邻居们都很喜欢他，他和罗丝的婚事，就是这些邻居朋友撮合的。不过，马克斯可不是那种四肢发达、头脑简单的傻大个儿，从他当机立断地更改自己的姓氏上就可以看出，他是一个很有头脑的年轻人。当然，这种有头脑并不是什么大智慧，这种有头脑主要表现在他对自己生活的一些筹划上。

比如说现在，他结婚了，也就意味着过去那种一人吃饱全家不饿的快乐单身汉生活结束了，如果再像过去一样当个小裁缝，微薄的收入很难支撑一个庞大家庭的各种支出。马克斯开始想办法，找机会，他必须得干点什么。

这个时候，他的好人缘派上了用场，朋友们在了解他的情况后，纷纷伸出援助之手。在这些热心朋友的帮助下，马克斯的小商店开张了，虽然规模不大，也只是卖些干草、饲料以及农作物等简单的商品，不过由于夫妻俩勤劳肯干，苦心经营，生意倒也越来越红火。后来，马克斯和妻子商量，增加了商品品种，将这个小商店变成了一家小五金店。一大家子人一起忙碌地上货、卖货，虽然辛苦，但日子倒也过得有滋有味。

婚后，罗丝先后为马克斯生了两个女儿：大女儿葛瑞丝，小女儿就是后来大名鼎鼎的雅诗兰黛帝国的缔造者雅诗·兰黛。

第三节　文静好学的少女

社会犹如一条船，每个人都要有掌舵的准备。

——易卜生

1908年7月1日下午，在自家五金店的后院中，马克斯·蒙泽从接生婆的手中接过自己的第二个女儿。他为她取名约瑟芬·以瑟尔·蒙泽，相信这个当父亲的也是左思右想才为女儿最后选定了这个名字。的确，这是一个十分女性化的名字，法兰西第一帝国的皇后、拿破仑·波拿巴的第一任妻子就叫约瑟芬，这位被称为法国一代"缪斯女神"的女性有着无与伦比的美丽。马克斯为女儿取这样一个名字，不能不说其中蕴含着对女儿未来的美好憧憬与祝愿。不过可惜的是，女儿长大以后，显然并没有体察到父亲的心意，她一点儿也不喜欢这个名字。

有很多时候，一个人想成为什么样的人、会成为什么样的人，在一些小事情上就能显露端倪，比如说，对自己名字的态度。有些人并不太在乎自己的名字，认为那不过是一个符号，叫什么都无所谓，只要不难听就行；有些人则恰恰相反，例如雅诗·兰黛，她就特别注重名字所传递的信息。后来，当好事的记者来到她家乡采访的时候，她的那些老邻居都不记得她使用过约瑟芬·以瑟尔·蒙泽这个名字，他们依稀记得她叫以瑟尔·蒙泽。不过，这个名字显然也不合她的心意，后来，她又改名叫埃斯德、雅诗·兰黛拉，直到最后，她把名字改为雅诗·兰黛，这才心满意足地不再折腾。

这个小姑娘在自己的名字上表现出来的敏感，或许是受到她父亲的遗传。马克斯不仅借用了"蒙泽"这个姓氏，后来他又利用大女儿出生的机会，在重新登记家庭成员户籍的过程中将"蒙泽"这个姓氏的拼写小小地改动了一下，使其看起来更像一个美国人的姓氏。而雅诗·兰黛不断地改名，表面上是对名字不满意，其实她是对自己的出身不满意。但这显然不是当时的她能够改变的，于是她只好不停地给自己改名字，希望用一个听起来文雅时髦的名字来掩盖自己的出身。而她之所以选择雅诗·兰黛作为自己的名字，据说是因为这个名字仅从拼写上来看就带有浓浓的法兰西味道，流露出美丽、时尚的气息。而作为品牌名称的雅诗兰黛，其实是对雅诗·兰黛的另一种翻译方式，可能这四个字比一个简单的人名更能引起消费者对法式时尚的浪漫遐想吧。

后来，当雅诗·兰黛开始变得很有名气之后，她不断粉饰自己的出身，把自己的母亲说成是一位贵妇，把自己说成在城堡中长大的小姐。实际上，她的童年时光多半是在自己家里的五金店中度过的，因为父母都忙于店里的生意，没有人在家照顾她，只能把她带到店里，让她自己玩耍。有时候，比她大2岁的小姐姐葛瑞丝会和她一起玩耍，那是她童年时为数不多的一个伙伴，其他同母异父的兄弟姐妹和雅诗·兰黛年龄差得太多，根本玩不到一起去，他们之间的感情因此也并不怎么亲近。倒是爸爸马克斯十分喜欢这两个女儿，只要他有空儿，就陪着姐妹两个做游戏，扮鬼脸哄她们开心。所以，雅诗·兰黛的童年虽然不像富家女那样在物质上应有尽有，倒也并不缺吃少穿，一家人其乐融融，日子就这样平静地度过。

和创造世界名牌的人

一起放飞梦想

转眼间，雅诗·兰黛到了上学的年龄。她的父母当然不可能把她送进什么贵族学校，和其他女孩一样，她在镇上上了小学。雅诗·兰黛的性格和母亲罗丝一样，看起来温柔恬静，因此老师和同学们都很喜欢她。在学业上她也十分用心，因此成绩非常不错，可以说，这个时候的雅诗·兰黛是一个品学兼优的好孩子。

但是，随着知识的增长，眼界的开阔，在雅诗·兰黛的心中，一个愿望悄悄地破土而出，并且随着时间的推移而变得越来越强烈，那就是：离开这里，离开这个贫民窟，去过不一样的生活。

对于自己的故乡，每个人都有不一样的感情，像我们中国人习惯于用"子不嫌母丑，狗不嫌家贫"来表达自己对家乡的热爱。但是，雅诗·兰黛显然并没有这样的思想觉悟，对于自己的家乡皇冠镇，她自始至终都没有任何好感，虽然她在这里出生、长大，虽然和家人在一起的日子也很温馨，虽然小镇上的邻里关系十分和睦，但一切都阻挡不了小姑娘离开这个贫民窟的渴望。

是的，在雅诗·兰黛的眼中，这个喻意"王室居住的地方"的小镇，其真实状况相对于它的名字来说简直是一个巨大的讽刺。随着经济的发展，昔日优美的田园风光成了小镇人梦中的景色，取而代之的是一堆堆散发着难闻气味的垃圾堆，因为小镇被当成了纽约的垃圾处理区。更糟糕的是，一个日日吐着黑烟的发电厂大烟囱把小镇昔日清新的空气污染得一塌糊涂。这还不算，电厂每天烧剩的煤灰全部就近倒在镇上，久而久之，竟然形成了一座煤灰山。除了无可奈何，小镇人不知道如何改变这种状况。

其实，这是一个国家从农业社会向工业社会迈进时必须经历的阶段，不独皇冠镇的人们，美国其他地方的居民也都承受着时代发展为他们带来的种种便利及不便。没有办法，任何事情都有两面性，你不能只要好的那一面。当然，像雅诗·兰黛这样的小女孩是不会有这样的认识的，她不喜欢小镇生活也很正常，哪个孩子喜欢待在一个臭气熏天、黑烟蔽日的地方呢？向往一种更加美好的生活，那对任何人来说都是一种本能，只不过，有些人仅仅是想想而已，而有些人则为此付出了艰辛的努力，并最终实现自己的梦想。

第四节　两个能干的嫂子

近朱者赤，近墨者黑。

——孟子

当一个人功成名就的时候，人们总喜欢追溯他（她）的过去，搜寻他（她）在青少年甚至是童年时就显露出来的某种天分，或是成功必备的品质。比如说一个科学家，他很可能小时候就爱思考、爱观察；一个作家，多半学生时代就文思敏捷、文采斐然。不过，作为未来一个庞大化妆品王国的女王，雅诗·兰黛小时候并没有在这方面表现出过人的天赋，如果硬要找出和她未来的事业有关系的举动，那么，喜欢替妈妈梳头也许勉强能算得上。雅诗·兰黛的妈妈罗丝有一头漂亮的长发，雅诗·兰黛喜欢用梳子小心翼翼地把妈妈的长发从头梳到尾，然后再整理成自然的造型，一天两遍，从不厌烦。尽管后来雅诗·兰黛告诉别人，那个时候她愿意把身边的每一个人都打扮得漂漂亮亮的，仿佛她从小就有这方面的天分，但实际上，哪个青春少女不爱打扮呢？爱美，是少女们的天性啊！不见得从那个时候起，雅诗·兰黛已经十分明确未来的发展方向，后来她走进化妆品王国，其中有许多偶然的成分。

雅诗·兰黛后来所表现出来的商业才华，固然是一种天分，但跟她从小受到的熏陶却也不无关系，尤其是她的两个嫂子对她的影响，可以说对雅诗·兰黛未来的发展意义深远。

这两个嫂子和雅诗·兰黛哥哥的婚姻堪称离经叛道，之所以这么说，是因为这两个女人同时嫁给了一个男人，即罗丝和前夫所生的第四个孩子伊瑟铎·罗森特，一个20岁刚出头的小伙子。提到两姐妹共事一夫的故事，我们很容易联想到中国古代传说中的娥皇、女英，她们同时嫁给舜为妻。当然，这只是我们中国的神话传说，事实上，不仅我国实行一夫一妻制，即便是在美国，除了特殊的宗教徒，也没有人胆敢公然娶两个妻子，更何况随着女性自我意识的觉醒，没有哪个女人愿意与其他女性分享一个家庭，即便是亲姐妹也不例外。所以，当佛里达、芬妮、伊瑟铎·罗森特这三个年轻人宣布要一起生活时，人们先是目瞪口呆，继而流言四起。

不过，这三个年轻人显然决心已定，所以不管别人说什么，他们都毫不理会。而在这件事上，最令人称奇的是，莫过于双方家长的反应，他们不约而同地选择了沉默，没有人站出来反对，这也就意味着，他们默许了这种奇怪的三角关系。其实，男方家长同意并不稀奇，毕竟按照世俗的观念，男方在这

种三角关系中并不吃亏，两姐妹的父亲里维·拉佩尔居然也一句话不说，这就出乎人们的意料了。因为老拉佩尔并非无能之辈，他以走街串巷贩卖小商品起家，不仅在皇冠镇拥有一家非常大的干货店——拉佩尔干货，还经营着西班牙面包房等其他许多商店，生意做得红红火火，是个在犹太人圈中颇富传奇色彩的知名商人。他的两个女儿虽然称不上多么漂亮，但都非常能干，性格也都温和可爱，并不愁嫁，可能爱情就是这样令人难以捉摸吧，偏偏她们选择了同一个男人。当然，伊瑟铎·罗森特是个英俊的小伙子，人品好，也并非没有能力。老拉佩尔对这个小伙子其实并没有什么不满意的，更何况这是两个女儿自己的选择，所以他决定尊重她们的意见。不仅如此，三个人结婚以后，老拉佩尔很快退休，把生意全都交给了女儿女婿。

俗话说，虎父无犬女，拉佩尔姐妹不仅把干货店经营得有声有色，而且很快把它扩展成百货商店，规模也不断扩大。妹妹芬妮性格活泼爽朗，因此主要负责商店的一切对外事项，比如和供货商联络等。由于她为人玲珑，加上老拉佩尔多年经营创下的良好信誉，她们的商店总是能得到既实惠又实用的货品。姐姐佛里达性格文静，心思细腻，加之患有轻度的佝偻症，因此主要负责财务方面的事情，以及整理、清点库存。至于她们的丈夫伊瑟铎·罗森特，则主要在商店里负责日常的经营活动。三个人不仅分工明确，而且合作默契，更加难能可贵的是，三个年轻人都十分肯干，不怕吃苦。

其实，经营一家商店并不像我们想象的那样简单轻松，这是一种非常琐碎的工作，即便是最普通的收款、付货，也需要你耐心、细心地对待，而且在时间上也没有更多的自由。比如在我们中国，许多大型百货商店是全年无休的，越是节假日，他们就越是忙碌。国外的情形可能和我们不一样，但像拉佩尔百货这种完全属于个人的商店，若是想有良好的经济效益，并且得到小镇居民的肯定和认可，自然就需要在经营时间上放宽松一些，以满足消费者的需要。

实际上，这三个年轻人也正是这样做的，他们的营业时间从早七点一直持续到晚十一点。一周七天，他们只放半天假，其余六天半的时间都打开店门做生意。这样勤奋肯干，难怪商店的生意蒸蒸日上。

中国有句话叫"店大欺客"，就是说，有些人生意做大了，有时候就会不把普通消费者放在眼里。那么，随着拉佩尔百货商店的规模逐渐扩大，是否也出现了类似问题呢？答案是：没有。而且恰恰相反，她们深谙"吃水不忘挖井人"的道理，明白拉佩尔百货能走到今天，全靠小镇居民的支持。因此，她们对待小镇上的普通消费者特别有情有义，她们不但允许顾客赊账，而且非常注意自己对待这些顾客的态度，从来不会上门讨要欠款，更不会摆出一副居高临下的姿态。正因为如

此，小镇居民日常生活的一切必需品都从拉佩尔百货购得，他们也越来越愿意光顾拉佩尔百货。这三个年轻人的态度让小镇上的人们觉得，他们之间并不是简单的买卖关系，而是一种像朋友一样互相信任、互相依赖的关系。

那个时候雅诗·兰黛年纪不大，对这三人婚姻的惊世骇俗之处也不是很了解。不过，她倒是真心喜欢这两个善良能干的嫂子，尤其是外柔内刚的芬妮，简直就是她少女时代的偶像，芬妮对她后来的人生道路产生了非常重要的影响。后来，当雅诗·兰黛决定开创自己的事业时，不仅遭到丈夫的反对，而且遇到了许多挫折和磨难，但是她仍然坚持走了下来，这份坚定和执着，在某种程度上正是受到两位嫂子的影响，因为她们经营百货商店也并非一帆风顺，但不管多么艰难，她们始终坚持。

雅诗·兰黛从两位嫂子那里学到的另外一点也很重要，那就是，重视与顾客建立良好的关系。雅诗·兰黛当初走上创业道路的时候，其实并非是一个进军化妆品行业的最好时机，因为在当时的美国，赫莲娜·鲁宾斯坦、伊丽莎白·雅顿、查尔斯·瑞夫森三大化妆品巨头仿佛三个巨人，要想从他们手中分得一杯羹，实在不是一件容易的事情。但雅诗·兰黛的雅诗兰黛硬是在这三个庞大的美容帝国之间杀出一条路，除了她那独具特色的营销手段，雅诗·兰黛更致力于维护与顾客之间的良

好感情。在她看来，只要和顾客之间建立起互相信任的感情，那么顾客心中就会形成一种依赖性的消费习惯，只要有护肤美容方面的需要，她就会来光顾你的品牌，是不会轻易改变她的选择的。用我们今天的习惯用语来说，这就是一种品牌忠实度，只要你的产品、你的服务让消费者满意，那么他轻易不会改弦更张。而这一点，雅诗·兰黛是从拉佩尔百货的成功中看到的，或者说，是学习到的，并且在以后自己的创业过程中她反复实践，不断验证，始终坚持。

拉佩尔姐妹敢于冲破世俗观念，嫁给同一个男人，她们对于爱情、婚姻和生活肯定有一番独到的见解，因为她们这种行为本身，就颠覆了人们对于爱情具有排他性的看法。三个人相处得十分和睦，在雅诗·兰黛的记忆中从来就没有他们吵架的场景，他们彼此相爱，但是他们的爱并没有停留在花前月下卿卿我我这样的浅层次上，他们的爱更多地表现在事业上的互相扶持、生活上的互相关爱。正因为如此，岁月的流逝非但没有让他们之间的感情变得浅淡，相反，在他们携手面对生活挑战的过程中，他们的爱情不断砥砺升华，变成一种牢不可破的感情。在雅诗·兰黛看来，这才是真正的爱情——彼此忠诚，共同奋斗。后来，她和她的丈夫约瑟夫·劳德一度因观念不同而劳燕分飞，但是走了一段弯路之后，他们终于又重新牵手。

雅诗·兰黛用自己的努力和坚持让约瑟夫最终认同了她的

观念和追求，两个人不仅从此相伴终生，约瑟夫更成为她最可靠的伙伴。

第五节　化学博士萧兹舅舅

> 生命中最美丽的报偿就是，帮助他人的同时也帮助了自己。
>
> ——爱默森

没有人记得雅诗·兰黛的少女时代有什么异样，显然，她对化妆品的了解并不比同龄的少女更多，无论是在家里的五金店，还是在哥嫂的拉佩尔百货店，她都没有显现出过人的商业天赋，她只不过是一个品行优秀、成绩优良的普通小镇少女。但是，显然这个少女未来所取得的非凡成就，离不开家庭的耳濡目染，离不开环境的潜移默化。她的家庭、她哥嫂的家庭在商业上的成败得失，都被这个默默无闻的少女看到眼里，记在心上，她也许并不清楚这些对于她的未来有什么用处，但是她已经做好了必要的储备，等待机会向着未知的目的地出发。

当然，有一点可以肯定，这个未知的目的地，并不在皇冠镇。是的，雅诗·兰黛从来就没喜欢过这个肮脏的小镇，她向往真正的大城市生活，希望和那些打扮得衣冠楚楚的绅士淑女们生活在一个圈子里，对一切优雅时髦活动她都表现出极端的偏爱。

这可能就是雅诗·兰黛和其他少女最大的不同。她对那种遥不可及的上层社会的生活充满了向往，只要有时间，她就会一个人进城，在纽约城里那些上等人聚居的地方流连，看他们如何穿衣打扮，如何度过自己的休闲时光。她尤其喜欢观看那些打网球的人，每次在那里一站就是好几个小时。也许，在她的心目中，这才是她的理想生活：身穿白色衣裙，头戴花边软帽，在明媚的阳光下奔跑着击球，尽情地挥洒自己的汗水和欢笑。雅诗·兰黛觉得，这才是真正地享受生活，她知道，只有当一个人的财富积累到一定程度，才有可能像这样专注地投入到一项休闲运动中，而像她父母那样阶层的人们，只能整天为了生存而奔波劳碌，营营役役，也不过是过日罢了。

这样的生活，离雅诗·兰黛现阶段的人生显然还有一段遥远的距离。但是她耳闻目睹的一切，却在她的记忆中打下了深深的烙印。让自己努力向那个阶层靠近，向那种优雅时尚的生活靠近，可以说是后来雅诗·兰黛努力工作、不断向前的内在动力。所以，后来在创立了自己的化妆品王国后，雅诗·兰黛并没有像一个工作狂那样，紧紧守着自己的王国，而是把它交给儿子，自己则悠闲去过她一直向往的那种雅致而有格调的上层生活去了。

雅诗·兰黛后来所取得的一切辉煌成绩，都是她个人努力奋斗的结果，这一点毫无疑问，但是，她是怎样走进化妆品王国的？是误打误撞，机缘巧合，还是有那么一个引路人，带领着她迈入了这个美丽芬芳的世界？

是有那么一个人。这个人，按照我们中国的习惯来形容，那就是雅诗·兰黛生命中的"贵人"。是他，引领着雅诗·兰黛在这个全然陌生的领域里迈开脚步，他，就是雅诗·兰黛的母亲罗丝的弟弟，雅诗·兰黛称他为萧兹舅舅。一度，雅诗·兰黛言必称萧兹舅舅：他的博士头衔，他的皮肤科专家身份，这些是对于雅诗·兰黛来说比任何广告语都有说服力的武器。直到雅诗兰黛品牌的神话已经深入人心后，雅诗·兰黛才终于不再借助萧兹舅舅这个招牌的力量，并从此闭口不提她的萧兹舅舅。

在雅诗·兰黛的描述中，这位萧兹舅舅是"一位在维也纳享有盛名的皮肤专家"，一位博士，因为第二次世界大战爆发而流落美国。实际上，萧兹先生并非来自奥地利的维也纳，和雅诗·兰黛的母亲一样，他也是匈牙利人，1900年前后，在新一股移民潮的裹挟下，他离乡背井来到美国纽约。萧兹先生并非什么皮肤科专家，他只是一个药剂师，至于他是否是一位博士，那就无从考证了。其实，他有没有博士头衔本来无关紧要，除了雅诗·兰黛，没有人会特别在意，雅诗·兰黛其实也不过是借助这个头衔增加产品的权威性和可信度罢了。

要说这个萧兹舅舅也并非"两耳不闻窗外事"的学问家，实际上，当他为了生计而日夜奔忙的时候，就时刻关注着如何能将所学与潮流结合起来，让赚钱养家不再那么艰难。所以，当个人实验室在美国逐渐流行，为人们提供洗涤剂、除虫剂、除草剂等日常生活中必不可少的家用化学品，以及各种面霜眼霜等护肤品时，萧兹舅舅意识到，这对于他来说未尝不是一个实现愿望的好机会。而实际上，他的这种想法并非不切实际，要知道，如今尽人皆知的世界上规模最大的家化公司——宝洁公司，它最初也只是一个由两个人组成的实验室而已。当然，不是所有的个人实验室都能有这样的成就，但没有努力，又怎么能知道未来怎样呢？

一直和夫人、岳母挤在一间狭小公寓里并因此深感困窘的萧兹舅舅决定试一试。

1924年，在百老汇歌剧院后面，萧兹舅舅成立了自己的"新方法实验室"。

不管规模如何，设备是否先进，以及有多少工作人员，实验室开张那天对于萧兹舅舅来说都是一个值得庆祝的大日子，在这一点上中外习俗倒是不谋而合。萧兹舅舅表现得十分兴

奋，向所有的亲朋好友发出了参加开张典礼的邀请，而亲朋好友们也都很捧场。作为萧兹的亲姐姐，雅诗·兰黛的母亲罗丝自然不能缺席，也正是在父母带领她参加实验室开张庆典的这一天，雅诗·兰黛才第一次知道这个萧兹舅舅是做什么的。

其实这也没什么稀奇的，两家人虽然是很亲近的关系，但平时都为生活而奔波忙碌，也没有太多的时间聚在一起共叙亲情，仅有的那么几次见面，还不足以让雅诗·兰黛了解这个萧兹舅舅。实在地说，一个少女和一个不太熟悉的长辈之间，实在很难找到共同感兴趣的话题。

不过，现在情况不一样了，萧兹舅舅的化学实验室仿佛在他们之间搭起了一座桥，让甥舅二人有了彼此走近的可能。尤其是雅诗·兰黛，她非常愿意为这位了不起的萧兹舅舅当个小助手。

当然，这里面不乏兴趣的原因。其实，大多数女孩子对于各种家化、日化产品都有着天生的兴趣，起码并不反感。不过，对于16岁的雅诗·兰黛来说，这种选择更多的是出于现实的考虑。在20世纪初期的美国，虽然女权主义运动已经在一些精英女性的倡导和推动下逐渐兴起，要求男女平等的口号也已经叫响，但是其声势、规模和影响力都不足达到一场社会变革的程度，就当时整个美国社会的风气而言，人们的思想依然是保守的、僵化的。因此大多数女性仍然只能留在家庭中，想像一个男人那样通过职场打拼而在社会上谋得一席之地，对于大部分女性来说仿佛天方夜谭，甚至就连找一份合适的职业都不是一件容易事。

雅诗·兰黛当时面临的，正是这样一种窘境。如果她生在富贵人家的话，那么她还有机会上大学，在自己喜欢的专业上继续深造，或者像少数贵族小姐一样，去欧洲接受成为一个淑女及贵妇所必需的礼仪方面的培训。但是，雅诗·兰黛一家的生活虽然近年来有很大改善，但实在连中产阶级都算不上，所以，雅诗·兰黛必须找一份工作。当然，她也可以留在五金店里帮忙，但一个小店，实在不需要那么多的人手。更何况，一方面，雅诗·兰黛是个好强的姑娘，她不愿意依靠父母生活，不想成为家庭的负累；另一方面，她渴望走出小镇，寻机人生的其他可能。到萧兹舅舅的实验室去，无疑是一个不错的机会。

想清楚了，就去做！雅诗·兰黛可不是那种瞻前顾后、犹豫不决的女孩，她不久就找了个机会向萧兹舅舅毛遂自荐。萧兹舅舅欣然接受，是啊，他有什么理由拒绝呢？一个所谓的皮肤科专家，连一间像样的实验室都租不起，只能在自家公寓下面的地下室里摆弄那些瓶瓶罐罐，他又能请得起什么样的助手呢？一个相貌姣好、青春年少的女孩子，又是自己姐姐的女儿，既可靠，又不必付给她太多的薪水，这实在是件很合算的事情。至于雅诗·兰黛的父母，一来他们无法为女儿提供任何实际帮助，二来萧兹舅舅毕竟是自己人，把女儿交给他，总比交给外人更让人放心，所以他们也没有对女儿的选择提出什么异议，事情就这么定下来了。

　　雅诗·兰黛就这样成了萧兹舅舅的助手，没有人能预料她的未来，包括她自己在内。可是站在岁月长河这一头的我们却明白，她向未来的化妆品女王宝座，从容地迈出了脚步。

Estēe Lauder

第二章　　行走在美丽路上

Estēe Lauder

第一节　沉默好学的小助手

> 想不到我的一生居然建立在一瓶雪花膏上面。
>
> ——雅诗·兰黛

　　即便是在现在的女孩子们看来，从事美容化妆行业也是一个不错的选择，因为在并不了解其中真实情况的人看来，这一与美丽密切相关的行业仿佛处处充满风花雪月，其实，这是人们的误解。美容业和其他行业一样，同样充满了残酷的竞争，同样每天都在上演尔虞我诈、勾心斗角的戏码。一个女人要想在这一行里出人头地，必须具有超人的智慧、精准的眼光、果敢的行动，以及出人意料的创新能力，否则，就很难在琳琅满目的品牌包围中脱颖而出，更别说创立自己的帝国了。

　　只不过，作为普通人，我们所能够看到的，大多是经过包装的动人的品牌故事，以及被宣传得神乎其神的产品功效，其他更多真实的东西，我们看不到，因为有时候，真实的东西并没有那么美好。

和创造世界名牌的人

一起放飞梦想

Let the dream fly

对于在学校系统学习过化学知识的读者来说，化学实验室并不是什么神秘的地方，有些人因为喜欢那种种不可知的化学反应而对实验室充满热情，有些人则讨厌各种物质被加热、溶解然后互相发生化学反应从而释放出各种古怪的气味，因此对实验室敬而远之，少女雅诗·兰黛属于前者。

奇怪的是，雅诗·兰黛并不畏惧那种种熏人的气味，可能这些气味比皇冠镇的垃圾堆所散发出的臭气要有内涵得多吧！毕竟，在化学方面，她是一张白纸，她要学习的东西太多了。开始的时候，她所谓的助手工作，就是清洗那些做实验用的瓶瓶罐罐，擦擦桌子，扫扫地，相当于一个清洁工，但是她没有任何怨言，总是手脚麻利地做好这一切，然后，在一旁静静地观看萧兹舅舅做实验，偶尔在他需要什么工具时就乖巧地递给他。

做实验需要足够的耐心，这一点相信多数读者都有体会，因为各种物质发生反应需要一个过程；做实验需要足够的细心，这一点也不必多说，因为有些物质具有很强的腐蚀性，不小心沾到就会灼伤皮肤。总而言之，这不是一件浪漫的事情，没有足够的热情，是很难坚持下去的。萧兹舅舅是不缺乏工作激情的，他的激情一方面是出于对这一工作的喜爱，另一方面则是对成功的狂热追求，他要求自己必须成功，他也相信自己一定能成功。他像一个真正的工作狂一样，只要进了实验

室，就把其他一切完全抛到脑后，眼里、心里只有他的发明，只有他的实验，完全没有时间、也没有精力照顾他的小助手，由着她愿意干什么就干什么。偶尔，他会在结束一天的工作以后，稍稍有些担心：这个小姑娘会不会嫌没有乐趣、没有"钱途"而不干了呢？如果雅诗·兰黛不干了，他可花不起更高的价钱去请一个正式的助手。

事实证明，萧兹舅舅的担心是多余的。虽然少女们总是向往外面五光十色的世界，但雅诗·兰黛显然和那些女孩子不太一样，她比萧兹舅舅想象的有耐心得多，也有心计得多。萧兹舅舅一心扑在实验上，并没有主动教过她什么，她也十分知趣地没有提出这方面的要求。但是她心里清楚，要想成为一名真正的助手，自己必须掌握相关的化学知识，而要做到这一点，她是不能指望萧兹舅舅主动教她的，她只能依靠自己。

于是，每次萧兹舅舅做实验，她总是赶紧做好手头的事情，然后悄悄地站在一旁，静静地观看萧兹舅舅的每一个动作。她观察得十分仔细，把每一种器皿的用途都牢牢地记在心里，一个实验从开始到结束的每一个步骤，有什么样的结果，她也都默默地在脑海里一遍遍重复。有时候，她一边干活，一边还在念念有词地背诵那些拗口的化学试剂名称。就这样，她一点点地学习，一点点地积累，可能她也并不清楚这样做对自己到底有多大帮助，但是她明白一点，那就是多学习、多掌握一些知识总不是坏事，说不定在未来的某一天，这些知识就会派上用场。

虽然萧兹先生最后并没有把自己的实验室做大做强，但我们不能因此而全面否定这个人，也许他并不是一个合格的商业人才，但是在产品的研发方面，他还是比较有才华的。他研制的产品种类也十分丰富，就女性美容护肤品来说，他不仅研制了六合一冷霜、萧兹博士维也纳美容霜，还开发了其他诸如口红、雀斑去除剂、卸妆液以及花露水等产品。除此之外，他还发明了诸如禽类除虫剂等一些实用性很强的家化产品。萧兹对待工作的勤勉和努力可见一斑。而且，他是一个十分细心的人，比如说，他对于潮流风尚比较关注，因为当时维也纳的美容时尚业在世界上处于领先地位，所以他就为自己研制的美容霜起名维也纳美容霜，希望用这个名字唤起消费者的购买热情。他还十分注重满足顾客的个性化需求，只要顾客能够提供配方，那么无论他需要多少，萧兹实验室都会不怕麻烦地为顾客加工。不仅如此，萧兹实验室还承诺，将根据顾客的喜好，为其配制专属于个人的美容护肤品以及其他日用品。

在这样一个多少有些真才实学的舅舅身边，雅诗·兰黛耳濡目染，渐渐地掌握了一些化学方面的知识，也对一些产品的配制过程有了一定的了解。直到这时萧兹舅舅才意识到，这个平时话不多的少女是个有心人，他开始把这个小姑娘当成一个真正的助手来对待。有时候，还和她一起讨论产品的配方，甚至放手让她做一些相对简单的实验，自己则在一旁耐心地指导。

就这样，慢慢地，雅诗·兰黛能够独立地制作一些护肤品及化学品，不仅如此，她还掌握了一些美容、按摩的技巧。尽管这些东西现在还看不出来能派上什么用场，但是明天怎么样，谁又能知道呢？

当雅诗·兰黛能够在实验室独立工作以后，萧兹舅舅开始把他的工作重心由做实验转移到开拓市场上，因为他毕竟不是一个科学家，成立实验室的最终目的还是赚钱，无论研制出多么好的产品，如果无人问津，那么一切努力结果都是零。萧兹舅舅除了向家化公司以及一些个人推销员推荐自己的产品，有时候还亲自走街串巷，游说一些家庭主妇购买自己的产品。从萧兹实验室后来的发展来看，他的推销本领显然比不上他在产品研发方面的才华。

可能萧兹也觉得自己空泛的夸夸其谈缺少说服力，并一直在琢磨着怎样改变。有一天，他盯着雅诗·兰黛看了又看，想了又想，突然破天荒地夸赞起她的皮肤来。的确，雅诗·兰黛虽然说不上惊人的美丽，但是她的皮肤白皙细腻，令许多人羡慕，她也一直引以为傲。不过，萧兹舅舅似乎从来没有留意过，更不曾夸赞过，这让雅诗·兰黛多少有些摸不着头脑。还没等她想明白，萧兹舅舅兴高采烈地拿起一罐他刚刚研制出来的护肤霜说："雅诗·兰黛，试试这种六合一冷霜吧，我相信它能令你的皮肤更加光滑水嫩。"

雅诗·兰黛恍然大悟，原来萧兹舅舅把她当成实验室的小白鼠了。怎么办？尽管她不认为这种冷霜能为她的好皮肤锦上添花，但是她也不能断然拒绝萧兹舅舅的"好意"。无奈，她只好假装高兴地接过了这种新产品。

从那以后，雅诗·兰黛就成了萧兹舅舅每一种新产品的第一个"受益者"。她很幸运，虽然萧兹舅舅不一定拥有博士头衔，但是他的确具有一定的专业水平，他所研制的产品还是信得过的。

除了让雅诗·兰黛试验他的新产品，萧兹舅舅还把她当成了自己产品的最佳代言人。每逢有客户上门，他就会把雅诗·兰黛叫过来，告诉别人，这个女孩拥有如此完美的皮肤，就是因为她使用了萧兹研发的护肤品。耳听为虚，眼见为实，雅诗·兰黛天生的好皮肤让人们对萧兹实验室刮目相看，对他研制的产品也愈发信任起来。

后来，雅诗兰黛的竞争对手专门研究了萧兹研制出的那些护肤产品，他们不得不承认，这些护肤品安全而值得信赖，对于干燥缺水的皮肤尤其具有极佳的滋润性。他们发现，萧兹竟然还在他的产品中添加了具有较强防晒功能的物质，这在当时可是一个非常先进的美容护肤理念。

萧兹舅舅对于雅诗·兰黛的美丽事业有着启蒙意义。她不仅具备了初步的化学知识，而且掌握了美容、按摩的一些技巧，甚至她还可以独自完成一个不那么复杂的化学实验。这个羽翼渐丰的女孩子，开始渴望着走出这个小小的实验室，去看看外面的广阔天地。

第二节　谈吐得体的美容师

> 人若是一心一意地做某一件事，总是会碰到偶然的机会的。
>
> ——巴尔扎克

机会终于来了。一天，萧兹经过一番盘点之后，发现实验室的生意近来十分顺利，不由心情大好。于是，他决定好好奖励一下工作表现极佳的雅诗·兰黛，不仅给她加了薪水，对她趁机提出的休假请求也痛快应允。当然，如果他能提前预知这个女孩子把两周假期休成了两年，他是绝对不会答应她的请求的。

雅诗·兰黛也没有料到自己这一走就是两年的时间。最初，她只不过是想去看望一下莎拉姨妈，顺便出门散散心。莎拉姨妈来美国后不久，就嫁给了一个叫古特利波的男人，婚后，她随丈夫离开纽约，定居在威斯康星州的首府密尔沃基市。若论繁华，密尔沃基市无法和纽约媲美，但是它也有自己的特色，那就是啤酒，这里是美国重要的啤酒基地，啤酒生产和销售为这座城市创造了财富，同时也提升了城市的消费能力。这一点，雅诗·兰黛从街上林立的美容沙龙，以及摆放在沙龙玻璃橱窗里的那些琳琅满目的美容护肤品上就看出来了。

那天，莎拉姨妈有事不在家，雅诗·兰黛决定自己出去逛逛。走着走着，在一家美容沙龙的橱窗前，她不由自主地停下了脚步。其实，纽约街头这样的美容沙龙不知道有多少，但是雅诗·兰黛从来都是匆匆而过，也从没有仔细观察过其中的情形。可能是此时此刻她比较悠闲，也可能因为身在异乡让她胆子大了起来，她就那么直直地站在橱窗前，一件一件仔仔细细地研究着那些化妆品。美容沙龙的女主人名叫凯瑟琳·查莎波吉，是一个很随和的女性，她注意到了在橱窗前久久驻足的这个皮肤白皙的女孩，对她也产生了一丝好奇，于是就让一个店员去请女孩进来。

美容沙龙的女主人，这样身份的人是雅诗·兰黛从来没有接触过的，但这一阶层无疑是她一直向往的。因此，尽管她多少有一些拘谨，但她还是希望能够得到凯瑟琳的认可甚至欣赏。实际上，她做到了，虽然她只不过实事求是地向凯瑟琳介绍了自己的情况，不过，她的谈吐得体，态度温婉，再加上容貌可人，穿着大方，又是来自纽约这样的大城市，因此赢得了凯瑟琳极大的好感。结果，凯瑟琳说服雅诗·兰黛留了下来，在美容沙龙里当了一名美容师。

虽然并没有什么工作经验，但以雅诗·兰黛所拥有的美容知识和掌握的按摩技巧，应付这样的工作绰绰有余。而她对护肤品的了解，在这个美容沙龙里显然无人能及，甚至就连凯瑟琳也自叹不如。雅诗·兰黛之所以愿意留下来，相信并非是她打算以后要当一名美容师，也许是在实验室里待久了，她渴望出来见见世面。更大的原因可能还在于，她并不希望像萧兹舅舅那样整天和瓶瓶罐罐打交道，成为一名药剂师甚至是化学家，她更愿意和人面对面地交流，无论是现在作为一名美容师，把她的顾客打扮得更加美丽，还是后来作为美容护肤品的生产者，向人们推销自己的产品，她的兴趣和才能都不在研究上，而是在推销上，在与人沟通上，这才是最能显现她出众才华的领域。

雅诗·兰黛就这样开始了她为期两年的美容师生涯。时间虽然不长，但雅诗·兰黛却收获颇丰。首先，她结识了许多威斯康星的上层人物。要知道，凯瑟琳的美容沙龙是当地最大、最上档次的一家美容沙龙，许多豪门贵妇、名流淑女都是这里的顾客，雅诗·兰黛作为最受凯瑟琳赏识的美容师，自然有许多机会与这些上流社会的太太、小姐们近距离接触，她们的一举一动，一言一行，都对雅诗·兰黛产生了潜移默化的影响。后来，当雅诗·兰黛走入这个阶层时，之所以任何不知内情的人从她的言谈举止都看不出她的出身，是因为在密尔沃基受到的最初的熏陶起了很大的作用。

第三节　初步推销

一个人事业的成功，只有15%是由于他的专业技术，另外的85%要依赖人际关系、处事技巧。软与硬是相对而言的。专业的技术是硬本领，善于处理人际关系的交际本领则是软本领。

——卡耐基

雅诗·兰黛的第二大收获，就是成功地推销出了萧兹舅舅研制的护肤品。当时，无论是在纽约还是在密尔沃基，无论是在高档的美容沙龙，还是在一些规模较小的美容院，使用的都是或者说都号称是他们自己研制的美容产品，其实大部分美容沙龙并不具备这样的实力，不过是把别人的产品拿来后加以改头换面而已。雅诗·兰黛很快发现了这一秘密，她当然不愿意错过这个机会，于是，在一个合适的时间，她向凯瑟琳推荐了萧兹舅舅的美容产品。尽管凯瑟琳也有自己的产品渠道，但是出于对雅诗·兰黛的信任，她几乎是毫不犹豫地答应了雅诗·兰黛的请求。当然，她也给自己留了后路，只是答应试一试，这样，万一不合适，对顾客、雅诗·兰黛都好交代。

结果自然是皆大欢喜。光顾凯瑟琳美容沙龙的太太、小姐们对萧兹舅舅的美容霜十分认可，估计除了产品本身的原因外，纽约、博士这些字眼也在一定程度上左右了人们的判断。时间不长，萧兹舅舅的美容霜就成为一些顾客的固定美容用品，并因此而在凯瑟琳的美容沙龙里站稳了脚跟。

对于雅诗·兰黛久去不归，萧兹舅舅嘴上虽然不说什么，想来心里多少还是有点意见的。直到雅诗·兰黛帮助他把美容霜推销到了密尔沃基，他心里才舒服了一些。其实这种心情倒并不难理解，毕竟是他引领雅诗·兰黛走进了这个领域，毕竟是他手把手地教会了雅诗·兰黛如何识别各种化学用品及用具、如何做实验的，从萧兹舅舅的角度，他当然希望自己的付出有所回报。

聪明的雅诗·兰黛应该是理解舅舅的这种心情的，她也知道，帮助推销美容霜就是对萧兹舅舅最好的报答。她这么想，也这么做了，事实证明，这样的做法令萧兹舅舅十分满意，他也就不再计较雅诗·兰黛离开这么久的事情了。

不过，在外面待了近两年的时间，最初的新鲜感已经渐渐地在雅诗·兰黛的心中消减，她想回家了。1927年，19岁的雅诗·兰黛离开密尔沃基，回到了家乡皇冠镇。

在相当长的一段时间内，雅诗·兰黛和密尔沃基的凯瑟琳保持着密切的联系，雅诗·兰黛常常给凯瑟琳写信，凯瑟琳也一直把萧兹舅舅的美容霜当成是沙龙里固定的美容产品。不过，随着雅诗·兰黛身份、地位的变化，她们之间的友好关系也一去不复返，据说后来凯瑟琳对雅诗·兰黛相当不满，甚至用"典型的势利眼"这样的说法来形容她。她们之间到底发生了什么，因为凯瑟琳至死都不愿再提，而雅诗·兰黛更是对自己的过去讳莫如深，所以我们无法确切地知道。不过，"势利眼"这个词的含义大家都是清楚的，据此推测，可能是当雅诗·兰黛逐渐走近更高的社会阶层时，她觉得凯瑟琳以及她的社会关系所能为她提供的帮助已经没有那么重要了，于是她疏远了凯瑟琳，更可能做出了一些伤害她和凯瑟琳之间感情的事情。有传言说，雅诗·兰黛曾经回到密尔沃基，向所有的美容沙龙兜售萧兹舅舅的产品，这还不算，她还到邻近的芝加哥去推销。

我们可以想象，当时的美容沙龙之间一定也存在着激烈的竞争，而"独家产品"无疑是一家沙龙保持优势的秘密武器，而一旦这种"秘密武器"人手一件时，自然就失去了它的杀伤力。所以，雅诗·兰黛的这番举动不仅损害了凯瑟琳的利益，更伤害了她的感情，毕竟她一直很赏识并信任雅诗·兰黛，所以雅诗·兰黛的这种做法对于她来说无疑是一种背叛，也难怪她后来用"龌龊"这种字眼来形容雅诗·兰黛的为人了。不过，这件事情并没有得到凯瑟琳的确认，虽然她和雅诗·兰黛交情不再，但是人们并没有从她口中听到更多有关她们交恶的缘由、经过等。对于一个一肚子怨气的女人来说，要做到这一点并不容易，所以凯瑟琳是一个值得尊敬的人。

至于雅诗·兰黛，也许我们只能说，成功可能只是一件表面光鲜的事情，在它的背后，可能有许多不足为外人道的内幕。在她不断向更高贵的阶层靠近的同时，也在不断抛弃旧有的不再有任何帮助的关系。说起来这并不美好，更和我们从小受到的传统教育，诸如"滴水之恩，涌泉相报"这样的观念背道而驰，但商人重利，古今中外皆如此，为追求利益而"过河拆桥"，并非罪大恶极，只能说是个人品德上的瑕疵。

对于任何人来说，抓住一切有利的机会发展自己，这都无可非议，甚至值得鼓励。但是，对于帮助过我们的人，我们应该常怀感恩之心，并在自己有能力的时候加以回报，这样一路行来，我们才能够走得更加安然，也才能够获得更多的帮助。

第四节　天生的推销员

你就是世界上最美丽的女人。

——雅诗·兰黛

一别两年，再次见到雅诗·兰黛的舅舅发现，这个过去让人觉得有些内向的女孩像换了一个人似的。她仿佛自信了许多，也因此变得更加开朗健谈，聊起在密尔沃基的经历，聊起在美容沙龙的见闻，她能滔滔不绝地说上好半天。这个转变让萧兹舅舅又惊又喜，这个更喜欢待在实验室里的"科学家"决定把外出推销的重担交给雅诗·兰黛。在他看来，这个女孩显然比自己更适合与那些顾客打交道，而他自己，则宁可与瓶瓶罐罐为伍，也不愿意再去说服那些家庭主妇购买自己的产品。

于是，萧兹舅舅提议，雅诗·兰黛不必天天待在实验室里，她可以每周拿出三天的时间，试一试去外面推销产品。为了鼓励女孩的工作热情，他甚至主动提出，雅诗·兰黛可以按比例在推销收入中提成。这就意味着，如果雅诗·兰黛干得好，她将获得更高的收入。雅诗·兰黛高高兴兴地接受了萧兹舅舅的建议，这不仅因为她可以获得更丰厚的收入，更重要的是，对于雅诗·兰黛来说，与人打交道并不是什么难事。两年的美容师生涯让她接触到了形形色色的女性，对于她们的喜好、习惯，她已经有了初步的了解，她甚至十分享受推销的过程，因为每一次成功，都是对自己推销才华的肯定。

毫无疑问，雅诗·兰黛具有成为一名出色推销员的潜质，因为她具有良好的心理素质和表达能力，既能够从容镇定地面对一切疑问，又懂得随机应变地解决所有难题。之前在皇冠镇，在萧兹舅舅的实验室里，她的这种潜质深深隐藏，并没有机会表现出来，因此，人人都把她当成一个文静、话不多的少女；直到成为凯瑟琳沙龙里的一位美容师，每天跟不同的客人打交道，她的这种潜质才被激发出来，并把她磨炼得目光敏锐，口才出众。而成为一名推销员，无疑将让她的推销才华得到更加淋漓尽致的发挥。

事实的确如此。当雅诗·兰黛带着萧兹实验室出品的美容护肤品挨家挨户上门推销，而那些主妇几乎无一例外地夸赞她白皙细腻的皮肤时，雅诗·兰黛总是随手从包里拿出美容霜，很自然地将遗传自母亲的好皮肤说成是美容霜的功劳，她总是说得很诚恳，接下来的话听起来则更专业、更可信，她为女人们仔细讲解美容霜的成分、作用，以及和市面上的其他同类产品相比好在哪里。女人们动心了，但似乎还有一些犹豫，这时候雅诗·兰黛表现得更加贴心，她告诉女人们，萧兹实验室正在努力打造自己的品牌，所以现阶段所有的产品在价格方面都可以更加优惠。物美、价廉，女人们终于心甘情愿地掏出了自己的钱包。

必须承认，对于推销员来说，的确存在"先天优势"这样的事情，尽管她们并不一定使用自己所推销的产品，但是对于消费者来说，她们的形象会自然而然地产生一种无形的广告效应。这种消费心理对于今天的商家来说早已不是什么秘密，但在雅诗·兰黛那个时代，这肯定还没有成为普遍的共识。雅诗·兰黛除了懂得利用自己皮肤好的优势外，也十分注重修饰自己的形象，她相信，一个修饰整齐、衣着得体的推销员，即使不说话，也会给人一种可靠的感觉，让人不由自主地心生信任。

雅诗·兰黛实在是个不可多得的推销人才，不过，这不能完全归功于她的天分，实际上，这种才能更多来自于后天的锻炼和培养。从童年时代起，她就十分注意观察哥哥和两个嫂子如何做生意，如何与人交往，一边仔细观察，一边细心体会，天生的敏感加上后来的努力，雅诗·兰黛察言观色的能力不断提高。当她成为一名美容师以后，在与众多顾客沟通的过程中更磨炼了她的这种本领。当她以一名推销员的身份走入顾客家中时，她更将自己的这种本领发挥到了极致：她不仅留意观察女主人的穿着打扮、谈吐态度，而且会利用闲谈的间隙，不动声色地打量周围的一切，比如房屋的装修，家具的摆设，以此来初步判断这个家庭的经济状况，并进一步划定女主人的消费层次，然后据此来向她推销合适的产品。在貌似不经意的聊天中，雅诗·兰黛总会留意打听这个家庭其他成员的状况，有没有孩子，男孩女孩，年龄几何；养没养宠物，是什么宠物，然后根据实际情况向主妇推销其他产品。

　　雅诗·兰黛取得了相当不俗的业绩，不仅让自己的钱包鼓了起来，也让萧兹舅舅喜笑颜开。说起来，萧兹舅舅真的是一个很容易满足的人，他没有什么野心，或者说，对于未来他没有什么更远大的目标。建立一个化妆品帝国？恐怕他做梦也不会这样想。此时的雅诗·兰黛也不一定会把目光放得多么长远，但至少有一点她十分清楚，自己现在所接触的这个群体，在美容产品上的消费能力一般。真正舍得花钱，也有能力一掷千金的，是那些位于社会中上层的太太、小姐，她们既有钱，又很闲，整天出入名流云集的社交场合，唯一在意的就是自己的形象。她们舍得花重金保养自己的皮肤，修饰自己的容颜，如果萧兹实验室的产品能够得到她们的青睐，那么未来必定一片光辉灿烂。只是，包装简陋、"出身"普通又名不见经传的化妆品，怎能禁得起她们挑剔甚至苛刻的眼光？她们使用的美容护肤品，要么出自鲁宾斯坦或雅顿这样的高级美容沙龙，要么来自高档百货商店，有专门的美容师、美发师或形象设计师向她们推荐合适的品牌，一个走街串巷的推销员，别说无法靠近她们的身边，即使接近了她们，又凭什么让这些高贵的女性听她的意见呢？

尽管这样的事实令人沮丧，但雅诗·兰黛是不会轻易放弃的，她决定试一试。雅诗·兰黛知道，以现在萧兹舅舅的经济能力，他根本不可能对自己的产品重新进行一番改头换面的包装，丑小鸭目前还只能是丑小鸭。但雅诗·兰黛相信，她可以把自己变成白天鹅，她可以让自己的穿着打扮、谈吐仪态向那个仿佛高不可攀的阶层靠近，只有使自己更像她们中的一员，她们才有可能接受自己，接受自己推销的产品。

雅诗·兰黛跃跃欲试地想要改变自己，但说起来容易做起来难，一个人要改变自己的穿着打扮还不算太费劲，但要从内在气质上让自己无限接近一个完全不了解的阶层，这可是一个耗时耗力的大工程。最困难的地方还在于，雅诗·兰黛在自己所生活的皇冠镇上根本就见不到那些高贵的太太、小姐，又何谈模仿呢？

左思右想，雅诗·兰黛脑中灵光突现——看电影，省钱，又不费什么力气。这的确是一条学习的捷径，即使是今天，当我们想学习一种语言，或了解一个陌生国家的基本情况时，如果身不能至，那么我们通常也会通过电影、电视、网络等传播媒介去了解，去模仿。雅诗·兰黛当时生活的那个年代，正是美国电影行业的辉煌时期，不仅新片上市间隔时间短，而且影片内容也多以反映美国上流社会的高尚生活为主，特别是由著名影星扮演的女主人公，无论是发型还是服装，无论是谈吐还是仪态，都堪称上流社会女性的典范。

从此，每逢星期天，雅诗·兰黛就会走进电影院。和别人不一样的是，她不关心剧情的跌宕起伏，也不在意人物的悲欢离合，她只顾盯着女演员的服装、首饰、头发看，同时在心里刻意模仿着女主人公的一言一行，一举一动，她观察得特别仔细，即便是举手、回眸这样的小动作也不放过。因为她相信，细节处最能暴露一个人的真实身份。

雅诗·兰黛这样细心，又这样刻苦，再加上本身对美就比较敏感，所以，时间不长，她就对上流社会的时尚和美有了十分全面的了解。下一步，就是利用这些学到的知识包装自己，来一个脱胎换骨的改变。

一套优雅得体的服装，对于提升一个人的魅力具有至关重要的作用。雅诗·兰黛深深地明白这一点，但是，她的身份、地位和经济状况决定了她不可能像纽约的那些名媛贵妇那样，要么直接从时尚之都巴黎订购高级时装，要么请纽约的著名设

计师为自己量身订做。一直以来，她和周围所有的普通人一样，穿着的都是毫无款式可言的廉价成衣，这样怎么能够使她跳出自己的圈子，进入上流社会呢？

聪明人总能想到办法来解决自己面对的难题，雅诗·兰黛无疑就是这样的人。她搜集了很多女明星穿着各式服装的照片，从中挑选出她认为适合自己的款式，再去买来价钱便宜的布料，让自己那巧手的妈妈，或者是皇冠镇上擅长裁剪的意大利人，照着图样为自己做一套。虽然面料一般，但这些服装无论款式还是做工，都与普通的成衣大不一样，穿上它们，雅诗·兰黛觉得自己焕然一新。

不过，雅诗·兰黛还是决定先到她的那些老顾客那里亮亮相，检验一下自己的新形象到底怎么样。果然，那些老顾客对雅诗·兰黛赞不绝口，这让她信心大增。于是，踌躇满志的雅诗·兰黛决定向她的目标客户群体——名流巨富家的太太、小姐们发起进攻。但是可惜的是，她无功而返，这个群体拒绝向她敞开怀抱。

雅诗·兰黛暂时放下了开发新客户的种种努力，也许因为她已经想通了，现在还不是时候，所以她并没有表现得垂头丧气。她像往常一样，一周六天工作日，其中有三天时间待在实验室里，跟萧兹舅舅一起研制化妆品和家化用品；另外三天则在外面奔波推销。生活波澜不惊，生意时好时坏，但是雅诗·兰黛却丝毫没有另谋高就的意思。其实，以她的条件，在纽约的某家美容沙龙找一份美容师的工作应该不是什么难事，可是她显然没有这样的打算。后来，她跟朋友谈到这件事的时候说："虽然美容师的工作看起来体面，也比在外面奔波舒服得多，但是你无法和一个正在做美容的顾客轻松愉快地交流，因为她们通常情况下必须得闭上眼睛甚至是嘴巴，而且很多人来沙龙是为了休息、放松的，并不喜欢被喋喋不休的美容师打扰。"所以，她宁肯在萧兹舅舅的实验室里认认真真地学习一些知识和技术，宁肯忍受风吹日晒，挨家挨户去推销产品，也不愿意去做美容师的工作。这样不仅增长了她的见识，更锻炼了她与人沟通的能力和技巧，对于她日后的发展来说，这些才是至关重要的。

正是在这段日子里，雅诗·兰黛身上的另一项过人之处被萧兹舅舅发掘出来：她有一只可以媲美职业香水师的鼻子。也就是说，她的嗅觉相当灵敏，一种香味，只要她闻过一次，就能够在千百种味道中把它辨认出来，并且把对这种味道的记忆保存在脑海里，就像是自己的一个熟人或朋友一样，无论什么时候遇到，都能很快叫出它的名字。这是一种非常难得的天分，许多人要经过漫长而严格的训练才能具有这样的本领，雅诗·兰黛非常幸运，她有这种天赋，更重要的是，当她发现自己的这种天赋以后，她对香味的兴趣简直如醉如痴。除了醉心

于在实验室调制不同的香水外，她开始对香味变得特别敏感，尤其是那种闻起来就让人觉得优雅高贵的味道，她更是特别留意。她经常在休息日来到高级百货商店的香水专柜，一瓶一瓶地去细心体会那些高档香水的不同气味带给人的不同感觉。她只闻不买，因此不知遭到了多少导购小姐的白眼，但是她毫不在意。成大事者，大概都有这样的想法：走自己的路，让别人说去吧。

第五节　不甘平淡的家庭主妇

> 我现在卖化妆品，就是为了让我们过上更好的生活。
>
> ——雅诗·兰黛

如果不是一场突如其来的经济危机打破了原来平静的日子，雅诗·兰黛可能依然沿着原来的生活轨迹，每天按部就班地或留在萧兹舅舅的实验室里做实验，或外出推销产品，就这样度过每一个相似的日子。可是，一场大规模的经济危机席卷美国，也不可避免地影响到了雅诗·兰黛的生活。

其实，危机刚刚开始的时候，萧兹实验室还算平静，不过，随着这场经济危机波及面的不断扩大，美国经济全面陷入停滞状态。美国的每一个家庭、每一个人都开始或多或少地感受到危机的影响，雅诗·兰黛当然也不例外。她的顾客群体一直都是以那些家庭主妇为主，虽然过去她们在美容护肤品以及家庭化学用品的消费上也不见得有多么慷慨，但至少是把它们当成日常生活必需品来购买。随着经济的持续紧张，她们也开始缩减家庭开支，一些家化用品她们已经不再购买，至于护肤用品及美容用品，即便是购买，她们也会更加精打细算，而且在使用方面也更加小心仔细。这些主妇变得不再那么好游说，这让雅诗·兰黛开始感到一些不安。

让雅诗·兰黛更加不安的是，在这风雨飘摇的环境中，萧兹实验室就像汪洋中的一只小船，随时都面临着沉没的风险。一直以来，萧兹实验室的生意都没有大的起色，萧兹舅舅固然勤奋，但就像千里马遇不到伯乐一样，他始终没有被大财团发现并赏识，也没有一个稳定的大客户能给予他有力的支持，他也只能徒叹奈何。更何况，随着个人实验室的增多，这一行业的竞争也越来越激烈，运气不佳让萧兹舅舅有些心灰意冷，他把更多的时间花在实验室里，对抢占市场既失去了热情，也不再有雄心壮志。这让雅诗·兰黛感到，自己的这份工作朝不保夕，萧兹舅舅说不定哪天就会关掉实验室，到那时，她又该怎么办呢？虽然她从来没有跟谁提起过，但在她的内心深处，一直对那种上流社会的优雅生活充满渴望。她相信，通过努力，自己有一天也会过上那样的生活。可是现在，面对一片萧条的城市，她深深感到自己的无力，她开始像一个彷徨的小女人那样，渴望一个坚实的臂膀让自己靠一靠，休息一下疲惫的身心。

雅诗·兰黛想结婚了。

好在这时，雅诗·兰黛已经有了一个交往了两年的男友。他叫约瑟夫·劳特，比雅诗·兰黛大6岁，也是犹太移民，职业高中毕业后先后在几家公司任会计，目前与朋友合伙开了一家贸易公司，专门做丝绸贸易。说起他们的相识，还是一个颇为浪漫的故事。

那天，按照事先的约定，雅诗·兰黛带着一包萧兹舅舅研制的美容霜，脚步匆匆地赶往一家美容沙龙。突然，身后传来一个年轻男子的声音："多么美丽的姑娘啊！"雅诗·兰黛不知道这是在赞美谁，尽管心里有几分好奇，但她惦记着和沙龙的约会，所以仍旧头也不回地往前走。正在这时，伴随着一串急促的脚步声，一个年轻男子站在她面前，挡住了她的去路。男子礼貌地向她问好，并且冒昧地请她共进午餐。雅诗·兰黛的心里涌上一种十分奇异的感觉，她发现自己并不讨厌这个男人，内心深处甚至很愿意跟着他走。年轻的男子也发现姑娘对自己有好感，于是，他又进一步热情地表示，愿意陪雅诗·兰黛去她要去的地方。雅诗·兰黛身不由己地跟在男子的身边迈开了脚步。一路上，两个人越聊越投机，分手的时候，他们已经约好了下次见面的时间和地点，仿佛已经是一对恋人了。

雅诗·兰黛和约瑟夫就这样相识了，经过两年的热恋，雅诗·兰黛决定嫁给这个俊朗的男人。

1930年1月15日，两个人举行了简单而温馨的婚礼。除了家人，他们并没有邀请其他亲戚或朋友参加婚礼，不过，亲朋好友还是以自己的方式给这对新人送上了祝福。像萧兹舅舅，虽然雅诗·兰黛已经向他请辞，他也非常遗憾失去这个好帮手，但他还是慷慨地为雅诗·兰黛送上了一份大礼——他辛苦研制的化妆品配方中的一部分。毫无疑问，这是一份厚礼，因为雅诗·兰黛未来的辉煌就从这里起步，只不过当时，别说是萧兹舅舅，就连她本人都没有意识到这一点。至于约瑟夫，在他眼里，那几张纸片毫无价值。

幸福的日子总是过得很快，转眼间，两年过去了。在这两年里，雅诗·兰黛和所有快乐的小主妇一样，每天洗衣、做饭、打扫，日子忙碌而单纯。正当一个小宝宝在她的身体里孕育、生长时，这对小夫妻的心中充满了即将为人父母的喜悦，一个意想不到的打击又把他们无情地抛入情绪的谷底——约瑟夫的公司突然破产了。

和创造世界名牌的人

一起放飞梦想

生活倒也不至于一下子陷入困顿，但是约瑟夫急于做点什么，好让怀孕的妻子安心养胎。当他得知一位朋友因缺少资金，想找个人合股开餐厅时，他迫不及待地想要去试一试。雅诗·兰黛不赞成丈夫去冒险尝试一个不熟悉的项目，一来他没有经验，二来她认为餐厅生意本身就有风险，加上两个人经营，很容易因意见不同而产生矛盾。但是约瑟夫完全听不进去雅诗·兰黛的劝说，他就像一个溺水的人抓住一根救命稻草一样，说什么也不肯放手。无可奈何的雅诗·兰黛只能眼睁睁地看着他成为这个规模不大的餐厅的股东。

果然，时间不长，这家餐厅就陷入困境：对面新开的一家餐厅不但经营品种更加齐全，而且价钱也更加便宜，于是，客人们纷纷跑到对面餐厅就餐，约瑟夫的餐厅门可罗雀。不甘心失败的两个人打算控告对方非法竞争，可是拖来拖去，官司不了了之，约瑟夫和搭档的餐厅最后不得不关门了事。

投资失败让约瑟夫受到又一次沉重的打击，也让雅诗·兰黛认清了一个事实：丈夫的肩膀还无法为她遮挡生活的风雨，给她一个足够安全的港湾。

这并不是说，约瑟夫是一个不负责的丈夫，实际上，约瑟夫一直承担着也愿意继续承担生活的重担，只不过，他所谓的"生活"并不是雅诗·兰黛想要的生活。约瑟夫有着良好的教育背景和家庭背景，并且深爱着雅诗·兰黛，这些雅诗·兰黛婚前都了解，但年轻男女无论恋爱多久，有一些东西都只能通过共同的生活来慢慢认清。结婚以后雅诗·兰黛才发现，约瑟夫是一个非常单纯的人，不仅性格如此，他对生活的态度也同样如此，他总是觉得现在的生活也没有什么不好，安于现状，从来没有什么远大的理想和宏伟的目标。每当雅诗·兰黛向他描绘对未来的美好设想时，他虽然嘴上附和，心里却觉得这些不切实际的想法天真得可笑，他相信，这个满脑子幻想的小女人总有一天会抛开这一切，乖乖地当他的小妻子，他儿子的母亲。他完全没有想到，这个小女人怀揣着的大梦想已经在她的心中生根发芽，并且一刻也没有停止生长，事实上，也没有任何力量能够阻止它生长。这个不甘平凡的女人，注定有一个辉煌灿烂的人生。

Estēe Lauder

第三章　踏上创业之旅

Estēe Lauder

第一节　家庭和事业的矛盾

我没有一个能够帮助我的爸爸或叔叔。

——雅诗·兰黛

雅诗·兰黛一直在为改变自己的生活而努力工作，可是当经济危机带来的大萧条席卷全国的时候，她胆怯了，觉得无所依傍的自己是那么的势单力孤，她急于寻找一个避风的港湾，让自己这条一直独自搏击风浪的小船能够歇一歇。于是，她和相爱的人携手走进了婚姻的殿堂，安安静静地过了两年平淡的主妇生活。然而，她从来没有忘记自己的梦想，这个梦想已经从一株幼苗，在她心中长成了一棵参天大树。因此，当约瑟夫的事业遭遇挫折的时候，雅诗·兰黛意识到，她不能就这样坐在家里等着好日子从天而降，这并不现实；而作为自己的丈夫，约瑟夫毫无疑问是个好人，但是他既缺乏商业头脑，又没有雄心壮志，这样的男人注定不会成就一番大事业。自己的未来还是要由自己来掌握，雅诗·兰黛决定重操旧业。

也许内心深处对约瑟夫有一些失望，但雅诗·兰黛并没有

流露出一丝一毫的埋怨。其实，她并不介意和丈夫一起奋斗，为自己的家庭、为即将出世的孩子创造更加美好的生活，她甚至认为，和自己的丈夫并肩携手共同前进，这是一种很幸福的事情。因为在她的童年时代，被周围人称颂的哥哥和两个嫂子就是这样在共同的事业中不断加深感情，幸福地生活在一起的，他们是雅诗·兰黛的偶像，所以雅诗·兰黛并不相信什么"男主外，女主内"的说法，她愿意和约瑟夫一起承担起生活的责任。而她所能做的，自然还是配制、推销美容护肤品。

萧兹舅舅的嫁妆终于派上用场了。雅诗·兰黛把那些配方拿了出来，在厨房摆开阵势，热火朝天地干了起来。虽然两年没有碰过这些瓶瓶罐罐，但雅诗·兰黛一点儿也不觉得陌生，相反，这些东西就像是久别重逢的老朋友一样，让她感到分外亲切。很快，她就按照配方做好了六合一冷霜和维也纳美容霜，这些都曾是萧兹实验室最受欢迎的产品。

出门前，雅诗·兰黛颇费了一番心思来考虑如何推销这些美容霜。两年前，她目睹了经济危机是如何让主妇们捂紧钱包、节省开支的；两年后，经济萧条仍然影响着人们的收入和消费，如何让主妇们心甘情愿地购买自己的产品，这需要一些小技巧。有一点雅诗·兰黛十分确定，那就是，无论到了什么时候，女人们都不会不在乎自己的容貌，都不会不需要能让自己变得更美丽的产品，只要你能打动她们的心。雅诗·兰黛首先采取了低价策略，她把产品的价格定得很低，甚至比萧兹舅舅实验室的价格还低得多；其次，她用免费赠送试用装的办法，来打动女人们的心。雅诗·兰黛当然知道这么做不会赔本，她相信，自己送出一元钱的东西，绝对有可能给自己带来十元钱的生意。于是，她用小瓶子、小罐子或者小信封把自己配制的护肤品装一些进去，随身带着这些"试用装"，到周围的街区去推销。

你可不要小瞧了这些"试用装"，对于雅诗·兰黛来说，这就是她的"秘密武器"。她可不是逢人就给一份，只有当她遇到那种明显对她的美容霜很感兴趣，但因为某种原因又有些犹豫的顾客时，她才会拿出"试用装"，态度亲昵地塞到顾客手里，请她试一试然后再做决定。当然，除了极其个别的顾客，基本上没有人会拒绝这种慷慨的馈赠。而这种馈赠，一传十，十传百，时间不长，周围的家庭主妇都知道有一位推销美容霜的"既美丽又大方"的夫人了。当她们遇到她的时候，自然愿意花点时间和她聊聊护肤、美容之类的话题，而雅诗·兰黛少不了千方百计却又不动声色地向她们推销自己的美容霜。

雅诗·兰黛待在外面的时间越来越长，有时候，约瑟夫已经下班了，她还没有回到家里，自然也就谈不上准备晚饭。实际上，尽管雅诗·兰黛只要在家，准会待在厨房里，但厨房却早已不复原来的模样，锅碗瓢盆奇异地消失了，操作台上摆满了瓶瓶罐罐，从它们之中散发出来的刺鼻的化学品味道代替了食物的香气。雅诗·兰黛埋首于她的实验，专注得连自己的丈夫回来都不知道。

这一切，让约瑟夫感觉十分不满。此时，约瑟夫已经和一位朋友合伙开了一家做纺织品生意的公司，因为他以前做的就是这一行，所以没用多长时间，公司就已经走上了正轨。约瑟夫觉得，此时他完全可以养活妻儿，雅诗·兰黛只要像过去一样，做一个称职的家庭主妇就行了，根本不必这样辛辛苦苦地工作。原来他一直以为，雅诗·兰黛摆弄这些化妆品不过是一时兴致所至，兴趣过去了，也就放下了，所以他并没有干涉，毕竟他深爱着妻子，愿意她去做一些自己喜欢的事情。可是现在，雅诗·兰黛的行为已经影响了他们正常的生活，约瑟夫有点不愿意了。

一天，约瑟夫下班回到家，雅诗·兰黛仍然在做她那仿佛永远也做不完的实验，不用说，晚饭肯定还没有准备。约瑟夫一声不吭地坐在客厅里，越坐越心烦。也不知过了多久，做完实验的雅诗·兰黛一抬头，惊讶地发现约瑟夫已经回来了，于是她兴冲冲地拿着自己刚刚配制出来的美容霜，献宝似的让约瑟夫试试。约瑟夫不耐烦地推开她的手，问雅诗·兰黛："你到底要做什么？"尽管丈夫的态度让雅诗·兰黛有些委屈，但她还是不假思索地回答："我打算继续做我的化妆品生意。"

约瑟夫愣住了，他突然意识到：原来，过去雅诗·兰黛向他描述的一切并非如他想象的是小女孩的梦中呓语，她口气如此坚决，态度如此坚定，这显然是她立志要实现的目标。

可是，约瑟夫对妻子的远大理想还是不以为然。首先，他认为并没有这个必要，因为他完全有能力让妻子、孩子衣食无忧，至于过上更高尚的生活，这本就不在他的计划范围内，自然也就不会为此而烦恼；其次，妻子为了她所谓的"化妆品"生意而把家里搞得一团糟，家不像个家，甚至连顿热腾腾的晚饭都吃不上，这可不是他理想的生活状态；最后，也是最重要的，他认为妻子没有这个能力。萧兹舅舅就是一个很好的例子，像他那样出色的药剂师，既有专业知识，能够自己研发产品，又拥有自己的实验室，一直以来还不是惨淡经营？雅诗·兰黛不过是给萧兹舅舅当过几天助手，又怎么可能超越萧兹舅舅，把生意做大做强呢？！

不管丈夫怎么说，雅诗·兰黛都下定决心要开创自己的事业，她可不甘心一辈子待在家里相夫教子。不过，雅诗·兰黛也不愿意为此和丈夫闹僵，她还是想尽量争取获得丈夫的理解和支持。她耐心地跟丈夫解释，如此这一切的脏、乱以及无法按时吃饭等都是暂时的，都是为了今后过上更好的生活而必须付出的代价，以后都会慢慢好起来的。至于丈夫拿她和萧兹

舅舅相比较，她也承认在专业方面自己无法和舅舅相提并论，但是，无论做什么生意只具备专业知识是远远不够的。仅就化妆品这一行业而言，萧兹舅舅就有一个致命的缺点，那就是他不了解女人，他不知道女人想要什么，因此也就谈不上投其所好，他甚至都不懂得如何做生意，能勉强支撑十年已经很幸运了，这还得说雅诗·兰黛的推销给了他很大帮助。

约瑟夫被滔滔不绝的雅诗·兰黛彻底镇住了：这是那个如小鸟般温驯地依在他怀里的妻子吗？他不由得揉了揉眼睛。面前的这个小女人，正容光焕发、斗志昂扬地宣布，她也要向如今在化妆品行业最出名的两个女人——鲁宾斯坦夫人和雅顿小姐一样，在这个领域里开创出一片属于自己的天地。因为，这是一个女人的天地，而她，不仅懂得女人的需要，而且还知道如何满足女人的需要。雅诗·兰黛相信，自己一定会成功！

雅诗·兰黛的雄辩又一次发挥了它所向披靡的魅力：约瑟夫被说服了。这让他隐隐约约地开始相信，妻子也许真的能够说服那些家庭主妇购买她的美容霜。他决定不再干涉，放手让雅诗·兰黛去闯。

小夫妻婚后的第一次冲突就这样看似圆满地解决了，不过，两个性格不同的人注定会因为步调不一致而不时产生摩擦、矛盾，类似上面这样的冲突，在他们今后的生活中肯定是避免不了的。如果双方都有足够的耐心、足够的诚意，问题最终也可能成为夫妻感情的润滑剂。可是，一旦其中一方厌倦了这种争吵后和好、和好不久再争吵的游戏，那么他们之间的关系就会无奈地走向尽头。

第二节　改良原有配方

在科学研究中，是允许创造任何假说的，而且，如果它说明了大量的独立的各类事实，它就上升到富有根据的常说的等级。

——达尔文

1933年3月，25岁的雅诗·兰黛生下了她的长子，她为他取名里奥纳多·艾伦·劳德。雅诗·兰黛对姓名的关注再一次表现无遗，在为儿子登记户籍的时候，她以让名字更加美国化为理由，劝说约瑟夫将自己的姓氏"劳特"（Lauter）改成"劳德"（Lauder）。当然，她轻而易举地再一次说服了丈夫，虽然对于中国人来说，随随便便地更改自己的姓氏是一件不可思议的事情，但对于一个一直想真正融入美国社会的东欧移民来说，这恐怕并没有那么难以接受。

和创造世界名牌的人

一起放飞梦想

Let the dream fly

雅诗·兰黛从此就变成了雅诗·兰黛夫人。

初为人母的喜悦和责任、义务，让雅诗·兰黛暂时留在了家里，不过，这几个月的时间她可没闲着。利用儿子睡觉的时间，她在实验室里反反复复地尝试着配制新的美容产品。功夫不负有心人，最后，她终于研制成了一款洁面油和一款滋润面膜。这是雅诗·兰黛自己的发明，是她心血的结晶，一直到后来，雅诗·兰黛仍不无自豪地宣称，滋润面膜是最令她满意的一款产品。除此之外，她还对萧兹舅舅的六合一冷霜以及维也纳美容霜进行了改良。无论是顾客的反馈还是她自己的感觉，都认为这两款产品过于厚重油腻，因此，她觉得有必要对配方进行适当的调整，以更好的契合顾客的要求。经过反复实验，她将萧兹舅舅的六合一冷霜做了必要的调整，把它变成了一款新的产品——特润万用霜，并在此基础上，又研发了一款润肤乳，效果比霜剂更加轻盈润泽。

看着这些全新的发明，雅诗·兰黛简直迫不及待地想要看看顾客们的反应。所以等到儿子一断奶，她就立刻为他请了一位有育儿经验的保姆，然后带着她的这些得意之作，出门寻找"知音"去了。

果然，就像雅诗·兰黛跟丈夫夸耀的一样，她的确深知女人心，她的这些产品无一例外地受到顾客们的欢迎，尤其是滋润面膜和万用特润霜，更是好评如潮。这让雅诗·兰黛对于自己未来的事业前景更加充满了信心。

第三节　开创崭新局面

> 志向是天才的幼苗，经过热爱劳动的
> 双手培育，在肥田沃土里将成长为粗壮的大
> 树。不热爱劳动，不进行自我教育，志向这
> 棵幼苗也会连根枯死。确定好方向，选好专
> 业，这是幸福的源泉。
>
> ——苏霍姆林斯基

一个人要想获得成功，除了实力外，始终还是需要一点点运气的。在这一点上，雅诗·兰黛比萧兹舅舅强得多，她先是在密尔沃基遇到了凯瑟琳，除了开阔了自己的眼界，还给自己的产品找到了个比较稳定的销售渠道。现在，又一位"贵人"即将出现在她的生命中，如果不是她，雅诗·兰黛不知道还得在逐门逐户推销的路上跋涉多久，才能让她和她的产品进入一个稍高的层次。

这位贵人，就是弗洛伦丝·莫里斯夫人。她是一家名叫

"金发美人之家"的美发沙龙的老板，顾名思义，这家沙龙最擅长的就是护理客人的一头金发。而雅诗·兰黛则在一位顾客的推荐下，准备去"金发美人之家"护理一下自己那一头非常漂亮的金发。

走进"金发美人之家"，雅诗·兰黛立刻吸引了莫里斯夫人的视线。这倒不是因为她的一头金发，而是雅诗·兰黛那白皙细腻、焕发着动人光泽的皮肤，使她成为莫里斯夫人注目的焦点。这位夫人甚至忍不住直接发问："你脸上用的是什么化妆品？"这样简单的一句问话，在雅诗·兰黛听来却仿佛是世界上最动听的音乐一样。她本能地意识到，这对于她来说是一个千载难逢的好机会，更让她庆幸不已的是，她早就养成了随身携带自己产品的好习惯，在她看来这就像战士上战场带着枪一样自然。雅诗·兰黛从包里拿出那些瓶瓶罐罐，尽量让自己的声音听起来波澜不惊："这就是我用的东西。"

莫里斯夫人和雅诗·兰黛的对话早就吸引了沙龙里众多的客人，她们纷纷将目光投向这里，脸上露出感兴趣的表情。正因为雅诗·兰黛注意到了这一点，所以，当莫里斯夫人表示想把产品留下，等空闲的时候再亲自试一试的时候，雅诗·兰黛更不愿意错过眼前的这个展示自己的机会。于是，雅诗·兰黛告诉莫里斯夫人，她愿意将东西留下，不过，她更愿意亲自向莫里斯夫人演示如何使用这些产品，以及这些产品的效果。

"我只需要5分钟。"雅诗·兰黛说得十分恳切。5分钟见效？莫里斯夫人显然无法拒绝这样的诱惑。

生平第一次，雅诗·兰黛在这样人数众多并且层次显然高于她以前的顾客群体的女人们面前，开始了至关重要的一次展示：她先用洁面油为莫里斯夫人卸妆，然后依次涂上她的滋润面膜、六合一冷霜、化妆粉，最后抹上口红。做完这一切，雅诗·兰黛从旁边拿来一面镜子，递给莫里斯夫人，然后静悄悄地站在一边。

莫里斯夫人久久地沉默地看着镜子中焕然一新的自己，不知是欣赏，还是惊讶。整个美发沙龙里鸦雀无声，女人们显然也正在心中发出各种赞叹。当莫里斯夫人终于满足地放下手中的镜子开口说话时，雅诗·兰黛如闻仙乐，她甚至怀疑自己的耳朵出了问题。这是真的吗？夫人邀请我在她的新沙龙里开一个美容专柜？还给我这么优惠的政策，只交租金，不在产品销售收入中提成？尽管惊喜得难以置信，雅诗·兰黛还是清楚地听到自己的回答："是的，夫人，我很感兴趣。"就是这句话，为雅诗·兰黛的事业开创了一个崭新的局面。

和创造世界名牌的人

一起放飞梦想

Let the dream fly

第四节　我的品牌我的名

> 对于现代企业或者是非常需要成功的企
> 业来说，没有什么比建立自己的品牌更为重
> 要的事情。
>
> ——夏保罗

就像一个少女从养在深闺到走入社交沙龙，不仅要有好的气质，好的服饰，更要有好的名字一样，雅诗·兰黛的产品要站在沙龙的柜台里，首先也得有一个让人一听就忘不了的名字。这个名字，最好还能带一点法兰西的浪漫和优雅味道，让人产生一些美妙的联想。这个名字，让雅诗·兰黛煞费苦心，为自己的儿子取名也没有这么费神。她当然希望照搬当时美容界两位女神赫莲娜·鲁宾斯坦夫人和伊丽莎白·雅顿小姐的模式，用自己的名字来为品牌命名，可是，她总觉得自己的名字缺了点意犹未尽的韵味。有一天，当冥想苦想的她鼻端飘过一缕清雅的芬芳时，她脑海中灵光一现，在自己名字中的最后一个字母e上加了个在法语中表示重音的符号。这样一来，她

的名字就变成了Estēe Lauder，一个带有几分法兰西味道的名字，而她的产品也叫Estēe Lauder，中国人则给了它一个更为诗情画意的名字："雅诗兰黛"。

在产品包装方面，雅诗·兰黛同样颇费思量。她个人并不倾向于奢华的包装，一来她并没有那样的实力，二来这样产品的成本就要增加，成本增加，价格就要相应地提高，这显然并不符合雅诗·兰黛一贯的策略。既然奢华路线行不通，雅诗·兰黛决定换一条路，尽量通过包装，让自己的产品让人感到专业、值得信任。一种药店里出售的配黑盖子的白色磨砂玻璃罐让她觉得十分满意，她决定就用这种玻璃罐来包装她的产品。

终于，莫里斯夫人的新店在纽约西60街39号正式开业了。与其他店不同的是，在这家店的一角，站着一位皮肤白皙、金发闪亮、笑容可掬的美人。她前面那个小小的柜台上，摆满了白色磨砂玻璃罐，标签上写着："雅诗兰黛"。

有经验的人都知道，有时候，做头发是一件相当枯燥的事情，无论是洗发、剪发还是护理头发，更不用说烫发了，无聊得让人总想做点什么来打发一下这难熬的时间。于是，雅诗·兰黛的柜台前，总是围着三三两两的客人，她们有很多共同话题，当然，谈得最多的还是皮肤的护理。雅诗·兰黛的好口才和她的好皮肤相得益彰，在她的游说下，很少有人能够再将自己的钱包捂得紧紧的，而且每个人都觉得自己花钱买的绝对是自己目前迫切需要的东西。雅诗·兰黛就是有这样的本事，让人心甘情愿甚至兴高采烈地把钱掏出来，而且绝不后悔，下次还来。

有时候做头发是不能动的，顾客只能乖乖地坐在那里，或者靠彼此闲聊打发时间，或者什么也不干，傻呆呆地坐着。这时候，雅诗·兰黛就会主动出击。她轻轻地走到这些女人面前，态度诚恳地请她们试一试她的美容霜，不收取任何费用。一部分女人会被她的真诚所打动，还有一部分女人则受到她承诺的诱惑：谁不想拥有和雅诗·兰黛一样光滑细嫩的皮肤呢？

于是，她们同意让雅诗·兰黛在她们的脸上和手上抹上美容霜，女人们一边和雅诗·兰黛闲聊着，一边享受着她为她们做的简单但却舒服的按摩。当她们梳好头发以后，雅诗·兰黛又会用自己的化妆品为她们化个妆。这些容光焕发的女人通常不会空手而归，总会买上几件雅诗·兰黛的产品，即便她们暂时不需要什么，雅诗·兰黛也毫不在意，还总是把试用装热情地送到她们手上，仿佛她们早已经是熟悉的老朋友一样。在雅诗·兰黛看来，与顾客之间最理想的关系就是成为朋友，一旦成为朋友，她们就会淡化她的身份，真正地信任她，并最终成为雅诗兰黛最忠实的拥趸。雅诗·兰黛当年的想法，如今在商界被奉为经典：培养顾客的忠实度，是在激烈的商业竞争中制胜的根本保障。

不过，正如事情总有例外，雅诗·兰黛也有碰钉子的时候。一次，她像往常一样走到一位非常漂亮的夫人面前，夸赞她的衣服优雅美丽："请问您这件衣服是在哪里买的？"没想到，这位夫人非但对她的赞美无动于衷，还毫不留情地讥讽她买不起。雅诗·兰黛因为自尊心当众受到损害，一张俏脸涨得通红，但她一言未发，默默地走到了一边。从那一刻起，雅诗·兰黛就在心里暗暗地发誓：总有一天，她要拥有这一切，锦衣华服、珠宝首饰、香车豪宅——她要成为一个拥有许多财富的女人。

一切似乎都在向着这个方向前进，雅诗·兰黛的生意进行得顺风顺水，不过，她的产品一直仅限于护肤品，而没有化妆品。雅诗·兰黛可不能容忍自己失去这一块的市场，于是，她开始利用业余时间，投入到新一轮的研发工作中。很快，她配制出了一种效果堪称立竿见影的蜜粉，轻轻敷在皮肤上，能够立刻让皮肤充满光泽。她还调制了一款松绿色的眼影和一款猩红色的唇膏，因为她在一本书上偶然看到，松绿色能够使眼睛显得更加清澈晶莹，而猩红色则会让牙齿看起来更加洁白动人。最富有创意的是，雅诗·兰黛为这款唇膏取名"公爵夫人唇膏"，这自然勾起了人们的好奇心：难道这款唇膏和著名的温莎公爵夫人有什么关联？要知道，温莎公爵夫人可是20世纪的一位传奇女性，她能够让一位英国国王为了她而放弃王位，自然魅力不可阻挡。尽管后来雅诗·兰黛的确和这位著名的公爵夫人成了朋友，不过以她当时的身份和地位，她还不可能接触到那个阶层的人物。不过，对于人们的疑问，聪明的雅诗·兰黛却没有给予正面回答，可她越是模棱两可，人们越是感到好奇，这款"公爵夫人唇膏"销路如何自然不言而喻了。

雅诗兰黛和它的创始人雅诗·兰黛夫人渐渐变得小有名气，许多美容沙龙开始对这些产品产生兴趣，他们纷纷找到雅诗·兰黛，邀请她和她的产品入驻沙龙。雅诗·兰黛当然求之不得，也许直到这个时候她才确信，自己的化妆品生意终于成为她可以为之奋斗的事业。不过，这项事业仅依靠她自己的力量是不够的，那么多的美容沙龙，她不可能再像过去那样亲自站柜台，聘请更多合适的推销员成了当务之急。雅诗·兰黛知道自己需要什么样的推销员，最根本的一条就是，她必须是一个女人，因为女人最懂女人。

雅诗·兰黛的招聘广告见报以后，20位年轻的女性前来面试。雅诗·兰黛先对她们进行培训，然后再进行考核，从中挑选她满意的推销员。培训的内容包括对雅诗兰黛产品的介绍，比如成分、作用等，然后，雅诗·兰黛亲自传授化妆的技巧。不过，这些在雅诗·兰黛眼中并不是最重要的，最重要的是销售员与顾客沟通的技巧，包括她对待不同客人所持的态度，以及说话语气、方式等。在雅诗·兰黛看来，良好的沟通能力比什么都重要。

雅诗·兰黛的化妆品生意越做规模越大，她也越来越忙。虽然每个美容沙龙都有她亲自挑选的销售员，但是她显然不能完全放下心来，她在这些沙龙间跑来跑去，每天早出晚归。每个顾客向她请教皮肤问题，她都非常热情地为她们出主意、想办法。客人们越来越信任雅诗·兰黛，她的产品销量因此而得到稳定的增长。

第五节　寻梦棕榈滩

> 在婚姻大事上，机会和命运常常良莠不分，叫人难以捉摸。
>
> ——奥斯汀

在事业蒸蒸日上的同时，雅诗·兰黛和约瑟夫的婚姻也走到了尽头。尽管他们的房子越来越大，并且从最初居住的贫民区搬到了不乏上流人士出入的格林威治村，但是在房子里生活的两个人，却越来越找不到共同的话题，关系也渐渐变得生疏冷漠。

雅诗·兰黛自然是整天为生意而奔波忙碌，初战告捷的喜悦让她看不见丈夫的消沉，看不见丈夫的失落。那个时候，约瑟夫的情绪已经跌到了谷底，因为他和朋友合伙经营的纺织品公司再次陷入了难以为继的困局。作为一个失败者，他多么想得到妻子的安慰和鼓励；作为一个男人，他又多么希望自己能给妻子、孩子一个幸福美满的家。他既失落沮丧，又对未来怀着几分莫名的希望，可是，他这样矛盾复杂的心态，雅诗·兰黛根本就没有时间去细细体会，她那高涨的热情和膨胀的野心让她只顾着向前冲，根本无暇顾及身边人的感受。或者说，她也不再把约瑟夫的感受放在心上，对于她来说，这件事已经变得不重要了。

一个是喜欢安静平淡生活的"宅男"，一个是渴望建功立业痛饮胜利美酒的未来"女王"，两个人注定只能渐行渐远。当某一天，奔波劳累且有些莫名焦虑的雅诗·兰黛再看到一旁默默不语的约瑟夫时，她突然觉是分外厌倦。曾经的恩爱都成过眼云烟，她不再认为这个男人值得自己留恋，于是，她毅然决定分手。她不顾约瑟夫的苦苦挽留，带着儿子离开了家，来到了佛罗里达的迈阿密，并且住进了这里最有名的斯湾卡·罗尼酒店，同时向当地的民政局提出离婚申请。

四季如春的迈阿密是有钱人的度假天堂，这里的棕榈滩有着"黄金海滩"的美誉，这里的别墅住满了有钱人和他们年轻貌美的妻子们。这些美女花钱如流水，雅诗·兰黛知道，只有打动她们的心，自己的事业才有可能更上一层楼。至于如何打动她们，雅诗·兰黛自有妙计。

雅诗·兰黛先是在自己所居住的酒店里租了一个化妆品专柜，然后登报招聘推销小姐。经过培训，她在这些姑娘中挑选了一位最合心意的推销小姐，让她守在酒店的柜台前，向感兴趣的客人推销产品。至于她自己，则摇身一变，成为一位拥有贵族血统的豪门千金。这位千金小姐从小在法国城堡长大，她不仅拥有一个迷人的法国名字，手里还握着从祖先那里继承来的古老美容秘方，并慷慨地想要和这里所有漂亮的女人分享。

没有人看得出她是一个小五金店老板的女儿，毕竟，她曾经在电影院里痛下苦功对自己进行全面的培训和改造。所有的努力如今都有了回报，她的服饰那么入时得体，她的谈吐那么优雅高贵，她的态度那么温文有礼，她的相貌那么甜美动人。而且，她总是把自己的护肤品和化妆品随手送人，一个出身卑微的人，怎么可能如此慷慨大方？

第一步，雅诗·兰黛赢了，她获得了棕榈滩上那些漂亮女人的信任。下一步，她则准备开始推销她的雅诗兰黛了。

从端坐在餐厅里吃早餐那一刻开始，雅诗·兰黛就已经全身心地投入到了工作当中。她总是一边用餐，一边不动声色地打量着餐厅里的女人。让人钦佩的是，她总能找到恰当的方式去接近她认为合适的那个目标，然后自然而然地把话题扯到皮肤护理上。如果对方对这样的话题表现得十分有兴趣，那么雅诗·兰黛会不失时机地在对方脸上展示自己高超的化妆技巧和雅诗兰黛产品的神奇效果。这样的免费美容在海滩上同样受欢迎。那些美女一般都不会拒绝一边享受日光浴，一边接受免费的面部皮肤护理，毕竟，她们可不想晒伤自己娇嫩的脸。除此之外，雅诗·兰黛还会不定期地派发自己的产品，她拎着精美的袋子，站在餐厅、酒吧、咖啡馆的门口，只要谁表现出很感兴趣的样子，她就会把产品慷慨地送到她的手中。

事实证明，"免费"总是屡试不爽的法宝，无论是免费赠送还是免费美容，都为雅诗·兰黛带来了丰厚的回报。她一天最多卖掉了价值40美元的产品，这在当时可是一个很了不起的业绩。

雅诗·兰黛到迈阿密来，除了推销她的雅诗兰黛，在她的内心深处还隐藏着另一个没有宣之于口的愿望，那就是，寻找新的幸福。她的第一段婚姻于1939年4月结束，虽说难免伤感，毕竟两个人曾经深爱过。但对于雅诗·兰黛来说，她感受更深的则是解脱后的轻松，她终于可以无牵无挂地去寻找一份新的感情了。与其说是寻找一份感情，不如说是寻找一个合适的伴侣，她从一段失败的婚姻中得到的教训是，生活中仅有爱情是不够的。对于此时的她来说，更需要一个能在事业上支持她甚至扶持她的伴侣，如果这个人能够直接给予她想要的生活，让她不必那么辛苦奋斗，那当然更加理想了。显然，经历了一段感情后，雅诗·兰黛对于婚姻的认识更加理性了。

此时的雅诗·兰黛，正是一个风情万种的成熟少妇，31岁的她有着堪称完美的皮肤，虽无花容月貌，但自有一股端庄典雅的动人风韵，她就像一朵开到最好处的花，对于懂得欣赏的人有一种难以言表的吸引力。

首先出现在她身边的，是一位风度翩翩的英伦绅士约翰·莫耶。他是一位能干的实业家，靠在美国西部投资石油工业，以及将欧洲制作精良的机械零件运到美国而积聚了巨额财富；他还是一位慈善家，出于对艺术的热爱，他专门成立了一个艺术基金会，以帮助那些年轻而有潜质的艺术家。

这个既有钱又不乏品位的英国人让雅诗·兰黛眼前一亮，她的温柔妩媚也打动了莫耶的心，两个人很快开始了亲密的交往。不过，两个目标不一致的人，注定不会有什么花好月圆的结局，雅诗·兰黛当然是奔着结婚努力的，可是她很快就失望了。原来这位彬彬有礼的绅士并没有娶她的想法，或者说，他没有娶任何女人的想法。用莫耶的女儿简内特的话来说，这位先生是一个渴望新鲜的男人，他的身边从来不缺少漂亮的女伴，他没有为任何女人结束这种浪漫生活的打算。聪明

和创造世界名牌的人

一起放飞梦想

Let the dream fly

的雅诗·兰黛很快认清了这位年近半百仍花心不改的绅士的真面目，不过，她的反应出人意料。她既没有哭，也没有闹，相反，她依然和莫耶有说有笑，并作为他的女伴，一同出入迈阿密的各种社交场合。因为她需要这样一个人，和他在一起，自己的身份无形中得到了上流社会的认可，自己可以自由地出入那扇戒备森严的大门，而进入这个阶层，对于她的化妆品生意来说是多么重要的一件事啊！所以雅诗·兰黛明知不可能，却依然和莫耶保持着良好的关系。

不仅如此，雅诗·兰黛还刻意接近莫耶的女儿简内特，因为简内特担任着莫耶艺术基金会的执行总裁的职位，她很受父亲器重，而且因为募捐的关系，她和上流社会的贵妇们交往密切，雅诗·兰黛当然希望她能帮助自己进入那个圈子，那将是她提升雅诗兰黛形象的最佳渠道。而实际上，只要是女人，雅诗·兰黛总有办法和她找到共同话题。很幸运，简内特对护肤、化妆这样的话题很感兴趣，雅诗·兰黛甚至当仁不让地充当起了她的私人化妆顾问。当然，从事多年美容化妆工作的雅诗·兰黛在这方面具有很高的品位，她的意见总是让简内特觉得合适。不过，谈到艺术，雅诗·兰黛显然就是个门外汉了，好在她从来不会不懂装懂，每当简内特和别人谈起艺术，雅诗·兰黛总是一言不发地坐在旁边仔细倾听，有时还虚心得像个学生一样仔细地记笔记。千万不要以为雅诗·兰黛仅仅是为了讨好简内特而做做样子，她也是在学习，她对这种充满艺术氛围的生活同样充满了向往。尽管她在以后的日子里也没有时间和精力发展自己在艺术方面的趣味，不过，在后来雅诗兰黛的广告里，那些美丽的女模特总是置身于艺术气息浓郁的环境中，可能在雅诗·兰黛看来，这才是一种理想的生活方式吧。

恋人变成了朋友，雅诗·兰黛收拾好心情，准备迎接下一段恋情。而走近她身边的另一个男人，阿诺德·冯·阿美林根，恰恰是在莫耶的穿针引线下认识的。雅诗·兰黛是个聪明人，在聪明人中打滚的莫耶自然也不傻，他当然知道雅诗·兰黛和自己交往的目的何在，不过他对此并不反感，有合适机会的话，他甚至不介意帮雅诗·兰黛一把。

这天，莫耶又主动给雅诗·兰黛打电话，邀请她参加一个社交聚会，并故作神秘地表示，要介绍一个有趣的朋友给她认识。雅诗·兰黛一听，既好奇，又有几分期待，于是她刻意打扮了一番，并洒了几滴自己配制的香水，娉娉婷婷地出门去了。

一到晚会上，莫耶就把她甩在一边，和一帮朋友眉飞色舞地聊了起来。雅诗·兰黛当然也不甘寂寞，她在人群中发现了一张熟悉的面孔，于是起身向那位夫人走去。

晚风轻拂，香气袭人，一个男人突然叫住雅诗·兰黛，冒昧地问她用的是什么品牌的香水，雅诗·兰黛告诉这个虽年纪不大但却一脸严肃的男人，这是她自己配制的香水。男人这才

一副恍然大悟的表情，他一边念叨着雅诗·兰黛香水中每一种成分的名称，一边若有所思地琢磨着什么。雅诗·兰黛完全呆住了：这是什么人？怎么会对香料如此了解？

这个人就是莫耶要向雅诗·兰黛介绍的那个"有趣"的人——阿诺德·冯·阿美林根，他不仅拥有世界上最大的香料公司冯·阿美林根—赫伯勒公司，后来还收购了美国最大的香料生产企业国际香水香料联合公司，在世界香料工业里，阿美林根是一个举足轻重的传奇人物。可想而知，当做化妆品生意的雅诗·兰黛得知阿美林根香料大亨的身份时，她的心情是如何激动了。

和莫耶不同，阿美林根是个严谨的老派人，但雅诗·兰黛也是个有内涵、有品位的女性，她很快俘获了阿美林根的心，两个人不久就生活在一起。很多人都认为雅诗·兰黛别有企图，甚至有人直截了当地提醒阿美林根小心被人利用，阿美林根回答得相当坦然，他说："如果真能够对雅诗·兰黛有所帮助，那对于我来说真是荣幸之至。"

事实上，阿美林根不仅非常喜欢雅诗·兰黛，也非常懂得尊重和欣赏她。而在雅诗·兰黛看来，阿美林根是她所遇到的最完美的男人，有钱有势，人品好，品位佳，最难得的是，和她兴趣相投，这样的男人，才是雅诗·兰黛最想与之牵手偕老的伴侣。不过，出乎意料的是这样般配的两个人，最终也

没能走到一起。对此人们都很好奇，但阿美林根奉行"沉默是金"，无论世人怎么猜测，他始终不做任何解释。至于雅诗·兰黛，她甚至从此不再提起"阿美林根"这个名字，仿佛这个男人从来不曾在她的生活中出现过。事实上，这个男人不仅给了她难忘的一段感情经历，后来更在她向他寻求帮助的时候毫不犹豫地施以援手。可是他没有给雅诗·兰黛最想要的婚姻，实际上，阿美林根在认识雅诗·兰黛的时候，他是个有家室的男人。人们猜测，一方面他和青梅竹马的妻子之间仍然有感情，另一方面，作为一个保守、爱面子的贵族，离婚毕竟不是一件好听的事情，所以他最终选择离开雅诗·兰黛。这显然深深地伤害了雅诗·兰黛的感情，从此，她不仅矢口否认两个人之间的特殊感情，更绝口不提这个让她伤心的名字。因为如果不能拥有，那么就不如选择忘记，然后开始新的生活。

与这些名流巨贾的分分合合让雅诗·兰黛感到厌倦，这些男人的自私自利让她感到灰心，从此她不再渴望完全依靠一个男人的力量改变自己的生活，不再寄希望于借和某个男人缔结婚姻关系而走进她向往的上流社会，她决定自己把雅诗兰黛打造成一个世界顶级的品牌，并以此建立起自己的王国。到时候，她就是这个王国当之无愧的女王，又有哪个世界还会把她拒之于门外？自己的事业，自己的财富，就是一张在整个世界畅行无阻的最好的通行证。

Estēe Lauder

第四章　从小生意到大事业

Estēe Lauder

第一节　拥有自己的专柜

很多年里，我连一顿午餐都没有吃过。

——雅诗·兰黛

　　雅诗·兰黛年轻的时候认为，嫁给家境比自己优越的约瑟夫就能够获得幸福，她也的确一度对自己的生活十分满足。可是，当她在自己的事业上高歌猛进，而约瑟夫却始终原地踏步时，她变得急躁、焦虑，她离开约瑟夫，想去寻找一个更有能力给予她幸福的男人。几年情感上的冒险生涯给了她丰富奇妙的体验，也让她感到筋疲力尽，她始终无法把幸福切实地抓在手里。直到这时，她才深切地体会到，对于一个婚姻，一个家庭而言，真爱才是最重要的。至于财富、地位、名望，她完全可以通过自己的努力去获得。她相信自己有这样的能力。

　　雅诗·兰黛终于意识到，一个和谐美满的家庭，对于她的生命，对于她的奋斗，有着至关重要的意义。她决定转身去寻找她曾经轻易丢掉的爱情。她多么幸运，当她回过头去的时候才发现，这份真挚的感情原来一直都在那里等着她，从来不曾离去。

1942年12月7日，雅诗·兰黛和约瑟夫再度登记结婚，再次成为正式的夫妻。此后，两人再也没有松开彼此牵着的手，直到约瑟夫于1983年去世。这个男人从始至终都只爱一个女人，即便是在他们分居、离婚的几年里，他也从来没有放弃过这份爱情，他想方设法去见雅诗·兰黛。当然，他得感谢他们的儿子，雅诗·兰黛既不能拒绝一个父亲看望儿子的请求，也不能无视儿子对父亲、对完整家庭的渴望，可以说，最后是儿子把他们两个重新系在了一起。复婚一年后，雅诗·兰黛又为儿子里奥纳多添了个小弟弟，这个可爱的小家伙叫罗纳德。父亲、母亲、两个可爱的儿子，这就是他们美满的家庭，为家人的幸福而奋斗，雅诗·兰黛觉得自己全身充满了力量。

为共同的事业而努力，无疑会让夫妻的关系更默契，感情更深厚。因此，当雅诗·兰黛提出让约瑟夫加入自己的美容事业时，约瑟夫毫不犹豫地答应了，一则他自己的事业发展得始终不顺利，二则他可不想因此而再失去雅诗·兰黛。夫妻二人分工明确，雅诗·兰黛主外，负责销售；约瑟夫主内，负责后勤及财务工作。

理顺了家庭关系，又有约瑟夫为她在后方坐镇，雅诗·兰黛信心满满地往前冲。不过，经过迈阿密海滩的历练，雅诗·兰黛早已今非昔比，特别是当她改头换面，以一个全新的身份与上流社会的绅士淑女们交往的时候，她意识到，绝不能仅仅把雅诗兰黛当成一种产品来销售，那无形中既降低了雅诗兰黛的档次，也降低了自己的档次。雅诗兰黛，是一种魅力的象征，是一个美丽的梦想，它既有高贵的身份，也有神奇的效力。为了配合这一点，它首先必须有一个得体的包装，雅诗兰黛原来的药瓶子无疑太普通了，雅诗·兰黛要用最好的包装，把她的产品打扮得既精致又典雅。

经过一番精挑细选，雅诗·兰黛从当时一家专门生产玻璃制品的公司订购了据说是当时美国市场上最好的包装罐，不过，她在包装罐的颜色上费了很多心思。首先，这种颜色要显得雅致；其次，由于多数女性消费者习惯于把化妆品放在浴室里。那么，雅诗兰黛的颜色就要尽量契合浴室的整体色调，既不能被淹没其中，也不能过于突兀。那段时间，雅诗·兰黛无论走到哪儿都要去那里的浴室参观，她把随身携带的包装罐样本拿出来，反复比对，一待就是半天。最后，她终于为雅诗兰黛选定了新装的颜色，那就是她最爱的松绿色，一种介于绿色和蓝色之间的颜色，清淡，优雅，充满了女人味，而且无论与什么颜色搭配都显得非常和谐。雅诗·兰黛对包装非常重视，她甚至不惜多花一些钱，也要把"雅诗兰黛"这几个字印在玻璃罐上，她可不愿意用一张小纸片贴上完事，时间一长，纸片上的字迹就会模糊，纸片也会脱落，那实在有损于雅诗兰黛的

整体形象。

这样一个从包装到内在品质都堪称完美的品牌，仅仅待在美发或美容沙龙里，简直是明珠暗投，它应该登上一个更广阔的舞台，在更多的人面前展现自己的魅力。而这个更广阔的舞台，对于此时的雅诗兰黛来说，就是高档百货商店。这里不仅在客流量上具有沙龙无可比拟的优势，而且高档百货商店最近开始实行信用制度，老顾客如果不方便当场支付现金，完全可以用赊账的方式买走他们心仪的商品。相较于只能支付现金的沙龙来说，这样的制度更能吸引顾客消费。

雅诗·兰黛决定要做的事，就不会轻易退缩，不管过程多么曲折。经过一番努力，她终于如愿在第五大道上的邦威·泰勒百货拥有了自己的专柜。虽然这里有专门的推销员负责销售，但是每到周六，雅诗·兰黛都会亲自来到柜台，向顾客热情推销，为他们耐心演示，而且一站就是一天，哪怕到最后她的腿都站酸了，但她脸上的笑容依然亲切、甜美，谁也看不到一丝一毫的疲倦，更别说是厌烦。因为对于雅诗·兰黛来说，她的专柜就仿佛是战场上的前线，只有守住这里，才能迎来最后的胜利。

雅诗·兰黛的拼劲儿让她的推销小姐们深受感染，有这样勤奋的老板以身作则，哪个员工敢不全力以赴地工作？雅诗兰黛的销量又怎能不稳定地增长？

第二节　进军高档百货商店

如果我们能够为我们所承认的伟大目标去奋斗，而不是狂热的、自私的肉体在不断地抱怨为什么这个世界不使自己愉快的话，那么这才是一种真正的乐趣。

——萧伯纳

雅诗·兰黛对拥有自己的专柜还是不满意，因为她还没有叩开萨克斯百货的大门。这家同样位于第五大道的百货商店，才是她心目中最理想的舞台，这里才是纽约最高档的一家百货商店，光顾的客人非富即贵。如果雅诗兰黛出现在这里，不仅意味着它作为一个高档品牌得到了认可，更意味着雅诗·兰黛夫人从此真正进入了化妆品行业。

可是，这谈何容易。作为一家高档百货商店，萨克斯百货十分注意维护自己的形象，而这种维护，通常是通过对所有进店商品进行严格审核来实现的，而且店内所有品牌必须保证给予萨克斯百货独家经销权。不过，为了体现商店对客人的尊

重，萨克斯百货规定：如果客人在这里买不到他想要的东西，那么百货商店会为他到别的地方购买，然后以原价转卖给客人。如果有许多客人都来购买萨克斯百货所没有的同一品牌的商品，那么萨克斯会考虑引进这一品牌。正是因为有这样的特殊规定，雅诗·兰黛鼓足勇气，决定去试一试。

萨克斯百货采购部的经理名叫鲍勃·菲斯克，他是一个很讲原则的人，因此在许多供应商眼里，鲍勃先生是很不好打交道的人。事实的确如此，雅诗·兰黛甚至都记不清有多少个星期三和星期五的下午，她在鲍勃·菲斯克办公室的外面等待着他的接见，可每次鲍勃都毫不客气地拒绝了她的请求，因为按照公司的条款，雅诗兰黛并不符合条件，也没有为它破例的理由。

一次次地被拒绝，换作别人也许就会灰心丧气，不再争取，但是雅诗·兰黛不是这样，她是那种越挫越勇的人。上周刚刚被拒绝，下一周，她又准时出现在鲍勃·菲斯克办公室外面的长椅上，而且一等就是四五个小时，耐心、安静，没有一丝一毫的不耐烦，只是在心中仔仔细细、反反复复地盘算着如何说服鲍勃·菲斯克，实现自己的心愿。

又见到这张笑容灿烂的熟悉面孔，鲍勃·菲斯克一愣，然后忍不住笑了，他心里想：这真是个倔强的女人，简直比自己还要倔强。虽然鲍勃觉得自己好像已经被这个女人永不放弃的精神打动了，但是他必须坚持原则，因为按照规定，雅诗兰黛确实不具备进入萨克斯百货的条件。这一点，雅诗·兰黛自然也心中有数，不过她了解到，萨克斯百货每个月都会举办一个正式的冷餐会，邀请尊贵的客人们参加。在聚会上，萨克斯百货既答谢他们对百货商店的信任，也倾听他们的意见和建议。同时，萨克斯百货也会邀请一些他们的供应商，让他们也有机会对支持自己的顾客进行当面感谢。偶尔，萨克斯百货还会邀请极少数他们认为的"潜力股"——也就是未来有可能进入百货商店的供应商来到这里，直接向顾客展示他们的产品。对于那些不知名的小品牌供应商来说，这是他们做大做强之前进入萨克斯百货的唯一机会。雅诗·兰黛想要为自己争取的，就是这样一个机会。

雅诗·兰黛先是诚恳地表达了对鲍勃先生的谨慎以及负责态度的理解，接着，她话题一转，表示自己不想再占用过多的时间向鲍勃先生夸耀自己的产品。但是，她请求鲍勃先生给自己一个机会，让她直接向萨克斯百货的顾客展示雅诗兰黛，如果这些尊贵的客人毫无兴趣，雅诗·兰黛保证，她从此再也不会出现在鲍勃先生的面前。

既然雅诗·兰黛已经做出了这样的保证，鲍勃先生也觉得自己没有再拒绝的理由了。于是，他答应给雅诗·兰黛最后一个机会——利用冷餐会上的十分钟，展示她的产品。

雅诗·兰黛的心情既激动，又忐忑。她非常明白，成败就在此一举，如果她能打动萨克斯百货那些高贵而挑剔的客人，那么她将拿到进入萨克斯的通行证；如果不能，这不仅意味着她的雅诗兰黛再也没有进入萨克斯的希望，也意味着她将无法真正地在化妆品行业占有一席之地。

这恐怕是雅诗·兰黛这一生中面临的第一个重大考验。虽然雅诗·兰黛对于自己的产品非常有信心，但是对于自己能否在短短的十分钟内说服那些眼睛长在头顶上的客人，她实在是心里没底。虽然她以前参加过一个演讲培训班，也曾经在一些小型的活动中发表过演说，但在纽约品位最高尚、身份最尊贵的人面前侃侃而谈，这对于她来说也是从未经历过的事情。她焦虑、紧张，以至于接连数个晚上睡不着。睡不着的时候她就起来翻报纸，对着报纸上的名人讲话，开始逐字逐句地琢磨；白天，她只要有时间就泡在图书馆里，一遍遍地在心里朗诵那些著名人物的演说辞。她反复修改自己的演讲稿，直到自己完全满意。到最后，她不仅把这段演说一字不差地背了下来，就连表情、声调都配合得十分完美，因为连她都不知道自己对着镜子练习了多少遍。

最重要的时刻终于来临。站在台上的雅诗·兰黛，优雅迷人，气定神闲，她的样子让所有人都感觉她早已成竹在胸，胜券在握。

　　雅诗·兰黛并没有像人们想象的那样，喋喋不休地罗列雅诗兰黛的优点，她只说了两点：第一，一支售价3美元的口红，其他品牌都采用塑料材质制作管身，但是雅诗兰黛使用的是金属材质，虽然在战争时期，金属因为稀缺而价格高企，但为了符合顾客的身份和品位，雅诗兰黛绝不使用塑料筒作为外包装，哪怕是一支口红也不例外；第二，国际香水香料联合公司的董事局主席阿诺德·冯·阿美林根爵士可以证明，若论品质，雅诗兰黛与法国的香奈儿完全一致，若论风格，雅诗兰黛更胜一筹。"感谢在场的各位，更感谢鲍勃·菲斯克先生给予我这个美好的机会。"雅诗·兰黛干脆利落地结束了自己的演说，她的话虽简单，但含义丰富。当时，国际香水香料联合公司最大的客户就是香奈儿，香奈儿5号早已风靡世界，成为经久不衰的奇迹。雅诗·兰黛把自己的雅诗兰黛与香奈儿相提并论，在当时多少有点高攀的意思，不过，她和阿美林根曾经的亲密关系众所周知，她在这个时候不避嫌疑地抬出这位香料大亨，倒为她的话增添了许多可信性。

　　台下的鲍勃·菲斯克目瞪口呆。虽然他早已亲身感受了这个金发美人的耐心和韧劲，但是他觉得自己还是小看了这个女人。雅诗·兰黛天生就是一个演说家，在这样一个盛大的场合，她毫不胆怯，她的演说态度诚恳，言辞动人，又懂得把握重点，一句多余的话都没有。十分钟，她成功地吸引了在场每一个人的注意，要知道，这些人可不是什么人的演说都有耐心听下去的。鲍勃明白，她成功了，没有什么能阻挡这个看似柔弱的女人，未来，她的名字一定会响彻世界。

事实同样证明，雅诗·兰黛的演说非常成功。冷餐会结束后，那些尊贵的客人一个接一个地来到萨克斯百货，纷纷要求购买雅诗兰黛口红。顾客的需求一定会被满足，这是萨克斯百货的原则，那么同样毫无疑问的是，他们必将引进雅诗兰黛这个一度并不出名的小品牌。

雅诗·兰黛终于接到了萨克斯百货采购部的第一笔订单——800美元。金额的大小对于雅诗·兰黛来说并不是最重要的，重要的是它所象征的意义，这张订单意味着雅诗·兰黛终于正式迈进了化妆品行业的大门，成为其中的一员。

更让人难以相信的是，雅诗兰黛竟然在萨克斯百货商店创造了奇迹。短短两天之内，第一批产品就销售一空，这使雅诗·兰黛深受鼓舞。同时也让她意识到，再像过去那样在所有的专柜之间来回跑是不行的，她必须把自己全部的精力集中到一个地方，这个地方就是她全力争取到的萨克斯百货专柜。因此，她毫不犹豫地关掉了在美发和美容沙龙里的专柜，并且为每一位顾客准备了一张精美的卡片，邀请她们到萨克斯百货化妆品部去赴和雅诗兰黛的美丽约会。

有了新朋和故交的捧场，再加上种种关于雅诗兰黛神奇效力的传说，比如万用特润霜治好了萨克斯百货一位职员脸上的疤痕，另一位职员也有相同的经历，故事的主人公有名有姓，似乎确有其事。不过，当有好事者去求证时，雅诗·兰黛总是不置可否，萨克斯百货方面也保持沉默。反正不管真相如何，有一点是两方面都乐于看到的，那就是雅诗兰黛在萨克斯百货的销售业绩直线上涨。

销售量的增加，对存货量提出了新的要求，雅诗·兰黛必须时刻保证有足够的产品供给萨克斯百货，以满足顾客的需求。雅诗·兰黛和约瑟夫最后找到一家停业的餐厅，把这里当成了他们的加工厂和仓库。

复婚以后，约瑟夫就全心全意地投入到了雅诗·兰黛的事业中，他和雅诗·兰黛堪称雅诗兰黛的两驾马车。不过，和通常男主外、女主内的模式不同的是，雅诗·兰黛负责一切外部事务，而约瑟夫不仅负担起购买原材料、加工产品以及相关的财务工作，还像一个称职的"家庭妇男"一样，承担起教育两个儿子的工作，他们的第二个儿子罗纳德就是由约瑟夫一手带大的。

短暂的波折让约瑟夫重新认识了他的妻子，雅诗·兰黛并不是愿意躲在他避风港里的小鸽子，恰恰相反，她是志在蓝天的大鹏鸟，渴望飞到最高处去看风景。但是，不管她是什么样的女人，约瑟夫对她的爱都和从前一样，他愿意和她并肩奋斗，愿意尽自己最大的努力，帮助她到达成功的顶点。

和雅诗·兰黛一样，对待工作，约瑟夫也是一个拼命型的人，他每天都要工作12个小时，仿佛不知疲倦为何物。在他的各项工作中，最重要的一项就是配制雅诗兰黛的各种膏霜，不知道是出于保守商业秘密的目的，还是不相信别人，雅诗·兰黛坚持这道工序一定要由自己的家人亲自来完成，绝不假手他人。原来这是她的工作，可是现在她每天在外面奔忙，两个孩子还小，所以这项工作只有交给约瑟夫她才最放心。说到孩子，虽然他们还帮不上什么大忙，但他的大儿子里奥纳多实际上已经参与到了父母的事业中来。每个周末，小里奥纳多都会骑上自行车，帮助父母把加工好并且包装整齐的化妆品送到需要的地方。当然，他也不是白干，雅诗·兰黛每月会支付他25美元，对于这笔收入，小里奥纳多相当满意。

进入萨克斯百货的雅诗兰黛走上了健康发展的道路，雅诗·兰黛对它充满了信心，对自己同样充满了信心。她知道，自己正在改写自己的历史，也正在改写家族的历史，她的那些皇冠镇的亲人和朋友不会相信，现在，这支笔就握在她的手里，她将用这支笔为自己、为家人，创造一个更加辉煌灿烂的未来。

第三节 "现场销售"的神奇魅力

我生命中工作的每一天无不是在推销。

——雅诗·兰黛

成功叩开萨克斯百货的大门，极大地鼓舞了雅诗·兰黛的信心，她决定乘胜追击，她的下一个目标是达拉斯的尼曼·马克斯百货——整个美国最好的百货公司。

毫无疑问，在这样的百货商店里，每一寸都是供货商抢夺的肥肉，想进来，除非用你的实力征服他们，除此之外，别无良方。和在萨克斯百货一样，雅诗·兰黛被马克斯的采购经理本·埃斯纳先生拒绝了十几次，不是没有多余的柜台，就是时机不合适，总而言之一句话：不行。雅诗·兰黛再次表现出她的耐心和决心，她不断地给埃斯纳先生打电话，不断地去他的办公室谈，终于有一天，埃斯纳先生表示，新年之后"可能"会有一个机会。雅诗·兰黛想要的可不是什么模棱两可的"可能"，她知道自己必须做点什么，把这个"可能"变成"一定"。

于是，在新年那一天的早上8点，达拉斯的女人们从电台里听到一个甜美的女性声音向她们问好，并且告诉她们保持皮肤美丽的秘诀：只要拥有一罐雅诗兰黛万用特润霜，肌肤美丽就不再是梦。当时，达拉斯正处于炎热的夏季，很多女人都为无法保持妆容的清爽而烦恼，电台里的声音告诉她们："只要使用雅诗兰黛的化妆粉和蜜粉，无论多么炎热的天气，都会让你显得清新、清爽。用一张全新的脸迎接新年！"这个充满蛊惑力量的声音最后许诺：每个来到马克斯百货的女人都会获得一份小礼物，还能亲耳聆听来自欧洲的全新美容概念，目睹来自巴黎和伦敦的最新美容技巧。

没错，这声音正是来自雅诗·兰黛夫人。虽然这档妇女节目收听率并不高，时间也不是黄金时段，但是，雅诗·兰黛就是有这样神奇的魅力。节目播出后的第二天，女人们像潮水般涌入马克斯百货，指名要买雅诗兰黛。

雅诗·兰黛又打赢了漂亮的一仗，她不仅如愿以偿地在马克斯百货为雅诗兰黛争取到了一席之地，而且没用多长时间，就让她的雅诗兰黛成为这家高档百货商店最重要的品牌，她的那句"用一张全新的脸迎接新年！"更在今后很长一段时间里，被马克斯百货当作推广雅诗兰黛的经典广告用语。

征服这两家百货公司以后，雅诗·兰黛把目光对准了美国零售商协会。因为雅诗·兰黛意识到，依靠她自己的力量去一个个地开辟"战场"，实在是太浪费时间了，她必须要找到一条捷径。这条捷径，就是借助美国零售商协会的力量。这家协会设有专门的采购部门，负责为它下面的零售商寻找适合的供应商，如果能得到它的帮助，无疑将事半功倍。

在化妆品采购经理玛丽·卫斯顿的门外，雅诗·兰黛从早上9点一直等到下午5点，当人们都已散去，卫斯顿小姐也从办公室里走出来要离开时，一眼见到了雅诗·兰黛。她先是吃惊地呆了半晌，然后立刻邀请雅诗·兰黛到她的办公室里，要看看她带来的产品。雅诗·兰黛当然抓住机会极力表现，她用她的雅诗兰黛精心为玛丽小姐化了妆，玛丽小姐显然十分满意，也很喜欢雅诗兰黛的产品，但最后她还是颇为无奈地表示，她暂时还帮不了雅诗·兰黛。

尽管雅诗·兰黛回家以后用一顿大哭来发泄心中的委屈和不满，但玛丽小姐倒是个说话算话的人，她说"暂时"真的就是"暂时"。很快，她就在协会下面的会员单位为雅诗·兰黛找到了地方，而且，不止是一家。雅诗·兰黛再一次证明了自己所向披靡的魅力。

经过几年的历练，此时的雅诗·兰黛变得更加自信，她相信她的雅诗兰黛就是最好的。基于这样的自信，她在销售方面的技巧也更加灵活多变，只要她想，她就可以在任何地方，把她的雅诗兰黛卖给任何一个女人。即便是在路上，如果她看到一个女人不修边幅仪容不整，她也会立刻上前拦住人家，告诉人家如何修饰自己的外表，保护自己的皮肤，然后很自然地向她推荐雅诗兰黛的产品。

几乎没有一个女人能够拒绝雅诗·兰黛，而雅诗·兰黛则把自己的销售秘诀总结为——现场销售。她相信，只要一个女人从她的柜台前走过，她就能让她了解、喜欢雅诗兰黛，并进而购买、使用雅诗兰黛。而雅诗兰黛的高贵品质，会使这些女人"一旦拥有，别无所求"，从而成为它的忠实拥趸。正因为如此，每当雅诗兰黛进入一个新的百货商店时，无论路途多么遥远，无论交通多么不便，雅诗·兰黛都会在开业那天出现在柜台前，亲自为她的雅诗兰黛剪彩，亲眼观察经她挑选、培训的销售小姐如何与客人交流、沟通，她目光如炬，斗志昂扬，不放过每一个从她柜台前走过的女人。她要求她的销售小姐们，要保证每一个来过雅诗兰黛的女人还要来第二次、第三次。

如果你们以为雅诗·兰黛在每个新开张的专柜前只待那么一两天，那么你就大错而特错了，她常常一待就是一个星期。不过，她并不总是站在自己的专柜前，空闲的时候，她会一个人在商店里逛来逛去。她当然不是在闲逛，她是在为自己的雅诗兰黛寻找其他的销售机会。比如说，她在某个服装专柜突然发现一件和她的唇膏颜色很搭配的大衣，于是她就走过去，首先送给专柜的销售小姐一件小礼物，然后她拿出那管唇膏，请求那位销售小姐向购买大衣的顾客推荐她的唇膏。当然，如果顾客真来寻找那管唇膏，那么雅诗·兰黛还会向她推荐适合的眼影、蜜粉等一系列产品，肯定不会让她仅仅带着一支唇膏离开雅诗兰黛专柜。

正是因为相信"现场销售"的神奇魔力，所以，只要一站在她的雅诗兰黛专柜前，雅诗·兰黛就会盯着每一个从她柜台前走过的女性，抓住一切机会把她变成自己的顾客。一次，雅诗·兰黛在一家百货公司里整整站了一天，马上就到打烊的时间了，商店里已经没有什么客人，雅诗·兰黛刚刚把双脚从她的高跟鞋里解放出来，坐下歇一歇，喘口气，这时，一个女人走进了百货商店。就像是条件反射一样，雅诗·兰黛立刻蹬上鞋子，笑容满面地冲到那个女人面前，向她推荐自己的产品。那位女士显然急着去买什么东西，所以她想也没想就拒绝了雅诗·兰黛。可雅诗·兰黛毫不灰心，继续向这位女士推荐一款眼霜，并特别说明，这款眼霜仅剩一罐，不仅能抚平女人眼角的皱纹，对嘴角的细纹也有奇效。这句话终于发挥了效力，雅诗·兰黛不仅目光敏锐，而且还能洞悉女性的心理，在短短的几分钟内她就断定这位女士一定为她嘴角的细纹深感烦恼。果然，这位女士没有再说一句多余的话，立刻掏钱买下了这款眼霜。商店打烊了，做成最后一单生意的雅诗·兰黛满足地坐下，幸福地笑了。她的现场推销又一次获得了成功。

雅诗·兰黛相信，只要让她和顾客面对面地交流，只要让她把她的雅诗兰黛涂抹在顾客的脸上，那么她就可以把任何产品都销售出去，不存在什么不好卖的东西，也不存在什么不受欢迎的颜色。一次，她到位于得克萨斯的一家百货商店巡视时，这家商店因为没有及时补货，大部分雅诗兰黛产品都已售罄，只剩下润手霜和两种颜色的唇膏，一种为深红色，另一种则是很浅的珊瑚红，销售小姐说，这两种颜色平时几乎卖不出去。雅诗·兰黛对此不以为然，她要用自己的实际行动证明给她们看，没有不好的产品，只有不称职的推销员。她要亲自演示现场推销的能力。

当一位夫人来选购唇膏时，雅诗·兰黛别出心裁地把两种颜色的唇膏先后涂在夫人的嘴唇上，深浅不同的红色融合成一种奇妙的颜色，而且看起来比单一的某一种红色更具有层次感。是啊，没有人规定女人不能涂两种不同颜色的唇膏，可是在雅诗·兰黛为这位夫人做出示范之前，没有一个人是这么做的，雅诗·兰黛在现场推销中就是有那种随机应变的本领。就这样，雅诗·兰黛卖光了所有积压的深红色和珊瑚红色唇膏，创造了让人目瞪口呆的现场销售奇迹。至于护手霜，她仅一天就卖掉了144支，她对来购买雅诗兰黛美容霜的顾客建议，不妨把护手霜涂在脸上试一试，它一样能让你的皮肤变得更柔嫩。没有人认为这是退而求其次的选择，每一个人都为发现了护手霜的新用途而兴高采烈。

其实，雅诗·兰黛之所以把"现场销售"奉为圭臬，一个主要原因是，她就是从一个沿街叫卖的推销员起步，慢慢地，再到美容美发沙龙里去推销，到百货商店的柜台前去推销。可以说，她今天所取得的一切成绩，都是她从现场销售中得到的。虽然这条路充满了艰辛坎坷，但是她始终满怀勇气，满怀信心，满怀激情，一次次地去说服别人，去感动别人，直到对方接受她，赞同她。她对待事业那种近似于宗教徒般虔诚的狂热，具有非同一般的感染力。

除此之外，雅诗·兰黛一直采取"现场销售"的原因还在于，她并没有足够的财力去支付高额的广告费用。要知道，像萨克斯百货、尼曼·马克斯百货这样的高档百货商店可不是免费把柜台租给你的，即便你是全世界知名的品牌，也同样要向百货商店支付一笔高昂的费用作为柜台的租金。而且在整间百货商店里，化妆品品牌的柜台租金一向是最贵的，因为它们通常都位于商店的一楼，地理位置优越。而除去这笔开支以外，雅诗·兰黛还得支付员工费用，她对她的员工总是很慷慨，如果哪位员工表现出色，她一定会准备一笔丰厚的奖金给这位优秀的员工。她甚至曾经向两个最出色的推销员承诺，等到雅诗兰黛公司上市那天，她会把公司的股票送给她们作为奖励。

实际上，雅诗·兰黛在相当长的一段时间内都并没有这样的打算，直到半个世纪后的1995年，雅诗·兰黛的公司才在纽约证交所挂牌上市。由此可见，雅诗·兰黛为了鼓励和留住人才，甚至不惜开出空头支票。难怪人们都说，她是一个管理天才，手段高妙却又深藏不露，她总是让人身不由己地跟随着她的节奏，总是能让人认同她的观点，这其中不仅包括她的顾客，更包括她的员工，就仿佛她为这些人洗脑了一样，这是雅诗·兰黛的另一种魔力。

当然，这种精于计算的人，是不会无缘无故地对谁都大方的，她的每一笔支出都会带来回报，这大概也是成为一名优秀的企业管理者所必须具备的素质。不过，如果把这种算计用到亲人之间，就显得有些过于冷漠了。雅诗·兰黛是不是一个不看重亲情的人？这实在不是能够一言以概之的事情，不过，她对待她的大恩人萧兹舅舅的做法，确实让人唏嘘感叹。雅诗·兰黛并不否认萧兹舅舅对于她的重要意义，她总是告诉别人，舅舅正在故乡维也纳过着奢华的生活，可事实并非如此。实际是，在她的事业蒸蒸日上的时候，萧兹舅舅苦心经营了20年的个人实验室却正面临着破产的窘境，他们一家甚至因为交不起房租而被赶了出去。种种迹象表明，雅诗·兰黛似乎并没有向这位给予自己"古老美容秘方"的舅舅伸出援手，尽管这时的她已经非常成功。为什么她没有把萧兹舅舅纳入她的事业版图？是因为害怕萧兹舅舅会戳破她之前编织的美丽谎言？还是对于她而言，萧兹舅舅已经没有了利用的价值？抑或是她不希望眼前有这样一个人，时时提醒她欠了一份感情债？真实原因我们不得而知，我们只知道，大约在1960年，一生郁郁不得志的萧兹舅舅在穷困潦倒中死去，死后并没有给妻子留下什么财产。

几乎是同样的产品，在不同的人手里，却有着截然不同的命运，这并不全是运气的问题。无论什么时候利益永远放在第一位，也许这就是残酷的现实教给雅诗·兰黛的成功法则；至于感情，对于她而言，很多时候不过是装饰利益的花边而已。

第四节　免费赠送令知名度提升

> 广告只能传播产品的外观和功能，而样品赠送却能让她们直接体会产品的内容。
>
> ——雅诗·兰黛

1947年，雅诗·兰黛和丈夫约瑟夫·劳德正式注册成立了雅诗兰黛化妆品公司。尽管当时"二战"刚刚结束不久，百废

待兴，雅诗·兰黛的会计师和律师都不认为这是最好的时机，但是，雅诗·兰黛对自己、对自己的产品非常有信心，她坚定地认为，只要有她在，公司就绝不会倒闭。

果然，尽管有鲁宾斯坦、雅顿、露华浓这样实力雄厚的竞争对手，但雅诗兰黛的销售额还是在公司成立的一年内达到了5万美元。虽然在扣除各种费用之后，公司几乎没有什么利润，但是雅诗·兰黛还是态度坚定地表示："继续！"

雅诗·兰黛和约瑟夫把他们所有的精力和热情都投入到了他们的事业中，几年以后，当他们终于赚取了第一笔约5万美元的纯收入时，他们内心的激动难以言表。雅诗·兰黛决定，用这笔钱为自己的公司做广告，因为此时在她眼里，做广告是提升品牌知名度最快捷、最有效的方法。

最好的产品，当然要交给最好的广告公司，来为它量身打造最佳的宣传片。经过对美国广告业一番深入的了解后，雅诗·兰黛决定把她的广告交给4个年轻人。他们组成的BBDO，虽然是一家新广告公司，但已经在广告业开始崭露头角。雅诗·兰黛之所以选择他们，一个重要的原因是她很欣赏BBDO为露华浓所做的一则广告，画面唯美，卖点精准，这正是雅诗·兰黛喜欢的风格。

雅诗·兰黛和约瑟夫满怀希望而来，却失望而归。因为5万美元在他们眼里不是一笔小数目，但对于BBDO公司而言却是微不足道的，他们的广告客户预算全部都在100万美元以上，仅露华浓当年广告预算就已经超过上百万美元。后来，雅诗·兰黛和约瑟夫也曾经尝试着去寻找规模和知名度都更小一些的公司，但遗憾的是，他们同样遭到被拒绝的命运。

雅诗·兰黛没有想到，自己的第一桶金在别人眼里居然如此不值一提。不过，短暂的沮丧过后，她重新振作起来，决定为这笔钱找到一个更好的方向。思来想去，她决定继续使用她的法宝来推广雅诗兰黛，那就是样品赠送。她把这5万美元全部用来生产雅诗兰黛产品的试用装，她要慷慨地把它们送给每一位她的目标客户。

确定方向后，下一步她要解决的问题就是如何寻找这些客户？又通过什么方式，把这些试用装送到客户的手中呢？最后，她选择了"直接投递"，也就是今天人们通常所说的DM。至于怎样寻找目标客户，她决定求助于有合作关系的百货公司。

她首先想到的就是萨克斯百货，因为鲍勃·菲斯克曾经在和雅诗·兰黛的一次闲聊中提到，每到圣诞节，萨克斯百货都要给他们的客户邮寄圣诞卡。当时只是朋友之间的闲聊，说者无意，听者也无心，但她记得鲍勃提到，客户第一次在萨克斯百货购物以后，百货公司方面会请求他们留下自己的详细个人信息，比如姓名、家庭地址等。开始的时候，这种做法只是

为了方便百货公司提供诸如送货上门等更加全面的服务，以及每当节日来临的时候及时送上问候与祝福，以便与顾客之间建立更加紧密的联系；后来，随着DM广告形式的出现，这种详细的客户名单又增加了一项新的强大功能，即成为一种针对性很强的销售手段，你可以从顾客登记上了解到他购买了什么商品，金额几何，从而大致推断出顾客的消费能力以及消费喜好，进而进行有效的推销。

雅诗·兰黛想到这个名单，就立刻去找鲍勃，鲍勃早已把雅诗·兰黛看成自己的朋友，所以他立刻把萨克斯百货专门负责直递邮件的经理介绍给雅诗·兰黛。他就是鲍勃·沃尔兹，一个几乎第一眼就被雅诗·兰黛深深吸引的男人，所以，他当然不会拒绝雅诗·兰黛的任何请求。他不仅立刻把萨克斯百货的客户名单双手奉上，而且还免费赠送了自己最热诚的帮助。于是，下一个月，当萨克斯百货的女顾客们收到百货公司最新邮寄的信函时，她们发现，里面除了最新印刷的产品目录，还有一张精美的卡片，上面写着："当你带着这张'请柬'光临萨克斯百货雅诗兰黛专柜时，你将能够免费领取一份礼物。"

无数次实践证明，免费赠送的神奇作用从来没有让雅诗·兰黛失望。接下来，尼曼·马克斯百货、邦威·泰勒百货、伯格多夫古得曼百货……一份份名单摆在雅诗·兰黛的面前，她就像发现了一个神秘的宝藏一样，不遗余力地在其中挖掘、寻找自己的目标。

尽管雅诗·兰黛深信这种方法将为她带来更多的客户，但是她也明白，一旦其他的化妆品生产商发现了她的秘密并迅速模仿，这个优势就将不复存在。她必须迅速寻找到一些新的东西。来吸引顾客的眼球，增强产品的竞争力。

与此同时，雅诗·兰黛也意识到，她的雅诗兰黛经过几年的稳定发展，现在开始进入了一个瓶颈期。从销售渠道来看，雅诗兰黛几乎在全国各地的百货公司都设有专柜，在这方面似乎已经没有什么更进一步的空间；从销售业绩来看，雅诗兰黛的产品销售稳定，整体状态也还算可以。那么，到底是差在哪里呢？苦心经营多年，为什么雅诗兰黛的知名度仍远远比不上鲁宾斯坦、雅顿以及露华浓这样的一线品牌？雅诗·兰黛意识到，归根到底，还是自己产品的问题。虽然雅诗兰黛种类比较齐全，但是和其他品牌的产品大同小异，它缺乏一个具有强大核心竞争力的明星产品。人们提起雅顿，就会想起它的8小时面霜；提起露华浓，就会想起它的不脱色指甲油；提起雅诗兰黛，却不知道该用什么来代表它。这就是雅诗兰黛的缺憾，它就像一个美女，处处皆美但没有一处有特色，反而不能让人记住她。雅诗·兰黛决定，她要研发一种全新的产品，让美国，甚至让全世界知道她，知道她的雅诗兰黛。

Estēe Lauder

第五章　　建立自己的帝国

Estēe Lauder

第一节　一举成名"青春露"

> 我的青春露第一次使美国香水可以和大
> 洋彼岸的那些最优美的法国香水抗衡。
>
> ——雅诗·兰黛

当时的雅诗兰黛旗下的产品分为化妆品和护肤品两大类别，化妆品包括公爵夫人口红、蜜粉、化妆粉以及眼影等，护肤品则仍然以万用特润霜、滋润面膜为主。这些产品都具有非常优秀的性能和品质，因此一直受到广大女性的欢迎，但是，这些常规产品消费者在任何一个品牌专柜都可以买得到。对于雅诗兰黛来说，它需要一个自己所独有的东西，能让人眼前一亮，能让人趋之若鹜，能让雅诗兰黛成为在一个美国化妆品行业熠熠生辉的名字，能让雅诗·兰黛的事业因此而迈上另一个台阶，并由此进入一个崭新的天地。

雅诗·兰黛反复思考了很长时间，究竟选择一种什么样的产品作为雅诗兰黛的突破口，护肤品？彩妆用品？她隐隐约约地觉得，在这两个产品系列中短时间内很难研发出吸引眼球的产品。于是她把目光投向当时两位正在美容界叱咤风云的女王鲁宾斯坦夫人以及雅顿小姐，她突然发现，这二人不约而同地在事业取得一定进展时选择了进军香水业，而且取得了不错的成绩。她决定效仿这两位前辈。

雅诗·兰黛做出这样的决定绝对不是一时心血来潮，而是在权衡方方面面的条件后，深思熟虑的结果。雅诗·兰黛嗅觉敏锐，她对香味的鉴赏、甄别能力，绝对不逊色于专业的调香师。进军香水业，雅诗·兰黛对自己绝对有信心。另外一个有利条件，则是她与阿美林根的特殊关系，阿美林根当时已经是国际香水香料联合公司的总裁，以他对雅诗·兰黛的欣赏，即便不谈过去的那一段感情，他也愿意帮助她实现自己的心愿。

不过，这款让几乎全美国的女人都为之疯狂的产品，并不是雅诗·兰黛最初设计的香水，而是一种香气优雅持久的沐浴油，它的名字叫青春露。就是这款雅诗兰黛的第一种香氛产品，让雅诗·兰黛从此在美容界扬名，一直高高在上的两大化妆品业的女王鲁宾斯坦夫人以及雅顿小姐直到这时才开始留意雅诗兰黛这个品牌，雅诗·兰黛这个名字也直到这时她们才开始重视。

尽管后来雅诗·兰黛在接受采访时多次表示青春露是自己的创意，并再次扯上自己的萧兹舅舅，编造了一个动人的故事。但实际上，业内人都知道，这款产品从它诞生到最后成功，都离不开阿美林根的支持。如果不是阿美林根派出手下最得力的天才调香师帮助雅诗·兰黛，如果不是他在雅诗·兰黛购买大量香精时给予了她特别的优惠，根本就不会有青春露这款产品。当然，他的付出也得到了回报——后来，国际香水香料联合公司最大、最忠诚的客户就是雅诗·兰黛。

欧内斯特·雪夫坦，号称"美国第一鼻"，是阿美林根手下一位天才调香师。青春露就出自他之手，他最初配制的青春露本来是一款女士的花香型香水，不过雅诗·兰黛对此提出不同意见，她不希望把青春露做成香水，她想把它作为一种价廉物美的香氛产品推出。

当时，女性化妆美容用品的种类已经十分丰富。在众多的品类中，香水一直是一种售价最高的特殊产品，它不仅是一种香氛用品，更代表了一种高雅的格调。正因为如此，女人们对待香水的态度也十分特别。很少有女人会为自己亲自选购香水，香水总是作为一种表达特殊情意的礼物，由异性送给心仪的女人。而女人们则珍而重之地收下，然后把它收藏起来，只有在重要的日子或出席某种盛大的场合时，才小心翼翼地在耳旁或手腕内侧喷上一点点。结果，历经多年，一瓶香水不等用完，就早已失去了原来的味道。

其实，相同的情况不仅存在于美国，在号称浪漫之都的法国也是一样的。这也正是当年可可·香奈儿推出5号香水的目

的，把香水变成和其他美容产品一样的普通消费品，让女人能够自由地为自己选购喜欢的香氛。尽管目的相同，但雅诗·兰黛却选择了和香奈儿小姐不一样的做法，她决定不走高端路线，她要推出一款价格便宜的产品，她决定把它做成一款沐浴油。这也是对美国女人日常生活的深入了解后才做出的选择。

在当时的美国，沐浴对于每一个女人来说都不再是奢侈的享受，而是非常自然的事情，是生活的一部分，浴缸几乎是所有美国家庭浴室的标配。雅诗·兰黛认为，一个忙碌了一天的女人如果能在芬芳的热水中放松身体，舒缓神经，那绝对是一种美妙的享受。如果这种芬芳能够保持得更长久一些，即便在她们擦干身体后依然若有若无地缭绕，那就更加完美了，这样她们就不必再另外喷洒香水了。

在调香方面，雪夫坦是一个少有的天才，他不仅按雅诗·兰黛的要求很快调整了青春露的配方，把它变成了沐浴油。而且令雅诗·兰黛意外惊喜的是，这位天才还发明了一种全新的合成技术，可以使其中的芳香成分延缓挥发的速度，这使得它的香气可以持续整整一天，甚至更长的时间。雅诗·兰黛知道，这就是自己梦寐以求的东西。

"青春露"这个名字是雅诗·兰黛自己起的，和"香奈儿5号"这样的名字相比，"青春露"倒是直白得多，一听就是"青春永驻"的意思。这种直白简单有一种直指人心的力量，让所有渴望青春常在的女人怦然心动。

雅诗·兰黛找到她的老朋友，萨克斯百货专门负责邮寄邮件的鲍勃·沃尔兹，请他帮忙把青春露作为礼物寄给萨克斯百货的所有女性消费者。结果这种将沐浴乳和香水合二为一的新产品非常受欢迎，女人们不仅喜欢青春露的味道，更欣喜于它的持久，更重要的是，它的价格只有一般香水的一半。香气优雅持久，价格经济实惠，这样一款香氛产品，想不火都难。

当雅诗·兰黛在邦威百货正式推出青春露的时候，美国女性表现出来的热情和迷醉让雅诗·兰黛的竞争对手们都嫉妒得红了眼睛，一些同行甚至在各种场合公开表达对青春露的不屑，甚至不惜用上"恶俗""浮华""令人作呕"这样的词汇形容它。不过，一切负面评价都阻挡不了青春露，它火热的趋势让人不得不惊叹这是个奇迹。

雅诗·兰黛果断地决定，让雅诗兰黛的其他产品也都搭上青春露的这列快车。她专门设计了小包装的青春露，作为礼品免费赠送给购买其他雅诗兰黛产品的消费者。如此一来，所有其他雅诗兰黛产品的销量都随着青春露的畅销而水涨船高，因为有很多女人就是为了得到免费的青春露才去购买雅诗兰黛的。当时非常著名的一个化妆品品牌的老板说："青春露问世之前，雅诗兰黛的护肤品在尼曼·马克斯百货一个星期的销量约为五六百瓶；青春露上市以后，雅诗兰黛护肤品一周的销量猛增到5000瓶。"青春露上市当年的销售总额就达到了5万美元，30年以后，这个数字已经变成了一个天文数字：1.5亿美元。

雅诗·兰黛再一次展露出她作为一个杰出商人所具有的优秀品质：精准的投资眼光，敏锐的商业嗅觉，纯熟的销售技巧，以及把握时机、乘胜追击的能力。正是这种能力，促使她在青春露成功后，紧接着推出了和青春露同样香型的其他一系列产品：青春露香皂、青春露沐浴液、青春露古龙水和香水。这些青春露家族的新成员不仅继续延续了沐浴油的成功，而且使雅诗兰黛公司的规模迅速扩大，在青春露推出两年以后，雅诗兰黛护肤品的销量首次超越桃乐丝·格雷，成为全美第三大化妆品品牌。

雅诗·兰黛的美容事业终于迈上了新的台阶，与此同时，她的生活也翻开了崭新的一页。青春露上市两年后，雅诗·兰黛一家搬到了上流人士聚居的纽约东区，住进了一幢联排别墅。雅诗·兰黛正向她梦想的生活一步步靠近。

青春露让雅诗·兰黛的生活和事业发生了巨大的改变，所以，雅诗·兰黛对它情有独钟，无论她走到哪里，身上都飘散着青春露那特有的香气，只要有机会，她就会向人推荐青春露，想方设法地让人接受她的青春露。一次，经人介绍，雅诗·兰黛会见了一位来自巴拿马的经销商拉夫·林多先生，她有意让这位先生成为她在巴拿马的经销商，当然要极力赞美自己的产品。只见她拿出一瓶青春露，打开盖子，凑到拉夫·林多先生跟前，一边请他闻一闻这独特的香气，一边装作不小心地将一点青春露洒到了拉夫·林多先生的身上。这位先生回到宾馆以后，发现无论自己怎么洗，青春露的气味都挥之不去。雅诗·兰黛又一次得偿所愿，拉夫·林多先生决定在巴拿马代理雅诗兰黛青春露，并从此成为雅诗·兰黛忠实的合作伙伴，在后来的几十年时间里一直经销雅诗兰黛的产品。

第二节　独领风骚"再生霜"

> 我的事业就是我的情人，我愿意一辈子拥有这样一个情人。
>
> ——雅诗·兰黛

20世纪五六十年代，一场"科学"浪潮席卷了世界化妆品行业。法国的科学家们经过研究发现，激素、血清、天然海藻，以及某些植物的汁液具有使皮肤保持年轻的功能。这一发现就像给法国的化妆品业注射了一针兴奋剂，许多著名的化妆

品品牌立刻投入到研究中，并且把他们的研究成果迅速变成具有神奇效果的高档护肤品，投入市场。慢慢地，在法国，化妆品像高级时装以及其他高档商品一样，渐渐地成为一种奢侈品，并离开一般百货商店的化妆品专柜，拥有属于自己的独立专卖店。

品牌专卖，这就意味着化妆品品牌将不再依靠高档百货商店的人气，而依靠品牌本身的形象和知名度来拉动销售。虽然这种模式在法国已经蔚然成风，但美国的化妆品生产企业却并没有如一些专家预测的那样纷纷跟风。他们非常清楚，这种销售模式可以大大提高他们的利润，产品的成本也将同样上涨，这就意味着产品的价格必然随之提高。

也许他们中的大多数人觉得化妆品还是应该作为一种日常消费品而存在，而不应该作为奢侈品。但雅诗·兰黛比他们勇敢得多，这并不是说她率先开设了品牌专卖店，而是她敏感地注意到了一股新的消费潮流的出现，并顺应了这股潮流。她在推出一款雅诗兰黛新产品的时候大幅提高了它的价格，出乎所有人意料地赋予了它"奢侈品"的地位。

当然，雅诗·兰黛这么做绝对不是一时心血来潮，而是顺势而为。当时，美国的经济已经从"二战"中的炮火中恢复过来，开始进入一个黄金时代。随着物质的日益丰富，社会的平稳发展，人们的自我意识逐渐觉醒并日益加强，强调实现自我价值的同时，对个人的外在形象也越来越重视。尤其是美国的年轻一代，越是高档的东西，他们就越是喜欢，对于价格并不十分在意，这其中当然也包括高档的美容化妆用品。

这种新的消费趋势自然引起了雅诗·兰黛的注意，与此同时，欧洲各大化妆品品牌掀起了"科学化妆品"的热潮，这也让美国的美容界敏感地意识到了新的流行趋势，并纷纷推出功能更加强大的产品。例如鲁宾斯坦夫人的碧奥菲产品系列，查尔斯·瑞夫森的"终极护理霜"，伊丽莎白·雅顿的"非凡霜"等，这些产品都号称能够深层渗透、完美保护皮肤的功效。雅诗·兰黛当然也不甘落后，她推出了雅诗兰黛"再生霜"，从产品上市到推广销售，每一个环节她都经过精心的考虑、仔细的安排，因此创造了又一个辉煌的业绩。

当时，美国的化妆品生产企业均由联邦食品药品管理局（FDA）统一管理，而和欧洲皮肤护理协会相比，FDA对化妆品和护肤品的管理更为严格。假如某一家生产厂商承诺自己的产品或是其中的某一种成分具有某种效果，那他不能空口说白话，必须提交实际的试验结果，经FDA的检验合格以后，才允许他们对消费者做出承诺。雅诗·兰黛虽然也想为自己的新产品造势，不过她更怕引起FDA的注意而惹来麻烦，所以在产品名称上，她表现得十分中规中矩。再生霜，没有任何对具体配方和神奇功效的暗示，因此很容易就通过了FDA的审核。雅

诗·兰黛的高明由此可见一斑。不过，这还不是最让人拍案叫绝的，她为再生霜定的价格，才是最能体现她高明之处的大胆之举——115美元，不但大大高于雅诗兰黛的其他产品，甚至比"女王"鲁宾斯坦夫人等人推出的同类特效产品的价格还高出一大截，而此时，雅诗·兰黛跟这些巨头还根本不在一个层次里。

产品价格和品牌形象之间有如此大的差距，人们不免怀疑：这样昂贵的产品能卖出去吗？要知道，雅诗兰黛的万用特润霜也不过5美元一瓶，而且这还是雅诗·兰黛最引以为自豪的一款产品。再生霜有什么特别之处，价格竟然与法国最昂贵的护肤品不相上下？对此，人们百思不得其解，也许，雅诗·兰黛最初也无法给出答案，对于她来说，可能只是一种商业直觉促使她做出这样的决定。不仅如此，她还仿效某化妆品公司的做法，在复活节来临前推出了限量版的复活节礼品装，以一个个复活蛋作为包装的再生霜售价高达数百美元，堪称天价。

有了好的产品，还要有好的销售。雅诗·兰黛亲自出马，到各主要百货商店的雅诗兰黛专柜前督战。此时的雅诗·兰黛早已褪去了沿街兜售时的青涩，也不像在美容美发沙龙里那样温文有礼，现在的她甚至有些专横。她的"战场"可不仅仅是在自己的专柜前，还在所有化妆品品牌的柜台前。只要她看到一个女人，不管她是在雅诗兰黛专柜前，还是在商场里的其他任何一个化妆品专柜前，雅诗·兰黛总是直接走上前去，拿出自己的再生霜游说对方，并一再保证自己的产品物超所值，任何人都应该拥有一瓶。此外，为了鼓励销售小姐们的工作热情，雅诗·兰黛毫不犹豫地提高了对销售小姐们的奖励，她甚至告诉那些销售员，谁再生霜卖得最多，谁就将得到价值数百美元的"再生霜复活蛋"。

作为雅诗兰黛继"青春露"之后的又一个重要产品，雅诗·兰黛绝不允许再生霜失败。当雅诗·兰黛到达得克萨斯州一个偏僻的小城市时，一家小商店的经理就表示，这款售价高达115美元的产品在这里肯定无人问津。雅诗·兰黛没有立刻反驳他，只是请他在当地发行量最大的报纸上登一则广告："是什么使一罐面霜售价115美元？"是啊，为什么呢？所有人都很好奇，如果想找到答案，就请亲自光临，亲耳聆听雅诗·兰黛夫人解开这个秘密。

结果，好奇的人们从四面八方涌来，将雅诗·兰黛团团围在中间。虽然雅诗·兰黛自身的艺术品位并不高，对艺术品也没有什么太大的兴趣，但这并不妨碍她借助某位著名艺术家的名气，来阐述自己产品的设计理念。你也可以理解成是为自己的产品镀金，这么说其实并不算刻薄，你会把一罐美容霜和毕加索的一幅画相提并论吗？肯定不会。但雅诗·兰黛偏偏就是这样开始她的演讲的："为什么你们所有人都愿意花一大笔钱去买一幅毕加索的画？"画布并不值钱，颜色也没有多贵，如果单从材料上看，一幅画最多也不过值十几美元而已。可是为什么毕加索的画那么昂贵呢？"因为你们购买的是这位伟大艺术家的创意。"创意才是最贵的，这正是再生霜的价值之所在，作为世界上最好的美容霜，它同样也是一个伟大创意的结晶。它的最神奇之处就在于，它适用于任何年龄的女性，并能使她们的皮肤瞬间就发生神奇的改变。我们无从知道再生霜的神奇功效到底是什么样，但是雅诗·兰黛演说的神奇魅力却是不容置疑的，因为雅诗兰黛再生霜的销售在这家小商店里创造了奇迹。

为了塑造再生霜的良好形象，雅诗·兰黛还一反常态，在当时最具权威性的女性杂志《哈泼时尚》上发布了一个非常醒目的全版广告。这对于雅诗兰黛来说绝对是破天荒的，并不是说雅诗·兰黛从来不为自己的产品做广告，而是在此之前，所有雅诗兰黛产品的广告都只是藏在《哈泼时尚》或者《Vogue》最后几页的"分类广告栏"里，地方不会比一块豆腐更大。这一次广告居然整整占据了一整个版，可见雅诗·兰黛对再生霜的确寄予了厚望。这个全版广告的标题和她之前在报纸上刊登的广告标题如出一辙："是什么让这瓶面霜价格高达115美元？"极具煽动性的广告标题吸引着人们去关注同样煽情的广告词：稀有的成分。罕见的配方。不同寻常的美的观点的结晶。使女人看上去更年轻、更美丽、更可爱的秘密。在这些词语的狂轰滥炸下，还有哪个女人能对这款号称"美丽的金矿"的再生霜无动于衷。更何况，广告不仅罗列了再生霜所使用的20余种昂贵的原料，更承诺"能使衰老的皮肤重新焕发青春光泽""立刻看起来年轻好几岁"。句句打动女人心，魅力难以抵挡。

分析再生霜成功的原因，虽然时机、质量、广告都是很重要的因素，但最关键的还是价格。高昂的价格非但没有让人望而却步，恰恰相反，在广告的暗示下，人们非常自然地将再生霜的价格和它高贵的品质联系到一起。雅诗·兰黛不仅深刻洞察了消费者的心理，并且成功地利用了这种心理，创造了再生霜的奇迹。

雅诗兰黛再生霜很快成为美国化妆品市场上真正的明星产品，与之相比，无论是鲁宾斯坦夫人还是雅顿小姐，她们推出的同类产品在销量以及人气上都显得逊色得多。鲁宾斯坦夫人的"柔美滋润霜"虽然号称"能够将任何女性变得和维纳斯一样娇媚"，但其销量却远不如雅诗兰黛再生霜。当有记者追问她原因时，鲁宾斯坦夫人直言不讳："那是因为我的定价不够高。"而她之所以不敢定高价，是因为她没有雅诗·兰黛那种对消费潮流的深刻洞察力，因此她只能眼睁睁地看着机会白白地溜走。

从再生霜开始，雅诗·兰黛一家就开始将重要产品的配方当成至关重要的秘密，除了家人，没有任何人能掌握这种高度的商业秘密，即便是负责为雅诗·兰黛加工再生霜底霜的化学技师——一个忠心耿耿的老员工也不例外。所谓底霜，就是还没有加入那二十几种秘密成分的基础霜剂。底霜部分在实验室完成以后，约瑟夫按照再生霜的配方，亲自将那二十几种神秘成分加进底霜，完成整个生产工序。然后，约瑟夫把配方带回家中，放进保险柜，一重重地锁起来。这个保险柜，只有雅诗·兰黛、大儿子里奥纳多和约瑟夫才有钥匙，此后，凡是雅诗·兰黛认为重要的产品配方都会如此处理。这种小心翼翼的做法并非多余，因为在这一行业，模仿甚至剽窃并不鲜见，当时化妆品界唯一的"国王"——露华浓的创始人查尔斯·瑞夫森就用过这样的方法，他作风大胆，甚至不择手段，当时的两位化妆品女王鲁宾斯坦夫人和雅顿小姐就深受其苦，但却因查尔斯对待竞争对手出了名的冷酷无情而敢怒不敢言。当雅诗兰黛终于有资格成为露华浓的竞争对手时，查尔斯故技重施，无论雅诗·兰黛做什么，他都原封不动地照搬，尤其在研发新产品方面，雅诗兰黛有什么，他就推出什么，而且是不经任何改动的彻底模仿。雅诗·兰黛无可奈何之下，只能从自身入手，严守秘密，防止对手抄袭。后来，当雅诗·兰黛推出"倩碧"

时，正是由于她密不透风的防范措施，才使得查尔斯无法得到更多的产品信息，只能等"倩碧"上市一年后才匆忙推出同类产品，最后查尔斯终因表现不佳而败给了雅诗·兰黛，雅诗·兰黛因此一战而成为美容界新一代的"领导者"。

在再生霜的广告推广上，雅诗·兰黛表现出了她对于美的独特品位。在雅诗兰黛的广告中，充分表现了女模特清雅美丽、浑身不带一丝世俗的烟火气的气质，充满了成熟知性的现代气息。这种"雅诗兰黛式风格"受到众多年轻女性的青睐，有效地拉动了产品的销售。后来，雅诗·兰黛发现了卡伦·格林翰姆，这个具有一张被她称为"完美的雅诗兰黛风格"脸的女孩，后来成为雅诗兰黛品牌的形象代言人，而且时间长达17年，以至于一提到雅诗兰黛，人们很自然地就想起卡伦·格林翰姆，有些人甚至误以为卡伦就是雅诗·兰黛本人。雅诗·兰黛在品牌形象的塑造及推广方面的才能的确非同一般。

再生霜的成功，使雅诗·兰黛的财富节节攀升，她终于跻身她一直向往的那个富人阶层。不过，成功并没有让她得意忘形，更没有让她沉迷享乐。雅诗·兰黛的工作热情丝毫没有减少，即便是当她功成身退，将雅诗兰黛帝国放心地交到她的大儿子里奥纳多的手中时，上流社会悠闲安逸的生活也没有让她停止对雅诗兰黛未来的思考。她从不理会别人怎么说，因为工作早已融入她的生命，成为她生活中不可或缺的一部分，就像一次她跟记者开玩笑时所说的："我已经有丈夫和儿子了，我唯一缺乏的就是一个情人，我的事业就是我的情人，我愿意一辈子拥有这样一个情人。"

第三节　引领新潮流"倩碧"

好产品自己会说话。

——雅诗·兰黛

虽然倩碧和雅诗兰黛是两个独立的品牌，但是它们都隶属于雅诗兰黛公司。和雅诗兰黛公司以往开发的新产品不同，倩碧在上市推广的时候，雅诗·兰黛和她的大儿子里奥纳多达成共识，决定采取一种不同于以往的营销策略：独立营销。所谓独立营销，就是通过不同的独立品牌，占领各自的分众市场。我们所熟知的宝洁公司就非常青睐这种独立营销的策略，也可以说是这一策略最大的受益者，它旗下的产品涵盖了头发护理产品、皮肤护理产品、婴儿护理产品等几乎所有的日化产品，但每一个品类都有若干个不同的品牌。以头发护理产品为例，宝洁公司就拥有飘柔、潘婷、海飞丝、沙宣、伊卡璐等多个品牌，几乎囊括了我们日常使用的所有品牌，其市场占有率也可想而知。雅诗·兰黛正是看到了这一点，所以她决定把倩碧作为一个完全独立于雅诗兰黛品牌之外的全新品牌推出，以期占领更多的市场份额。

作为一个在美容护肤品发展历史上具有划时代意义的品牌，倩碧在雅诗兰黛公司的前进征程中同样具有里程碑的意义。它的出现，不仅解决了敏感皮肤女性的护肤需要，更引领了一种新的护肤潮流——健康护肤潮流。

这样一个新产品的想法，最初来自于雅诗·兰黛的大儿子里奥纳多。里奥纳多虽然是雅诗兰黛无可争议的接班人，但是，年近60岁的雅诗·兰黛似乎总有点不放心把接力棒交到儿子的手中，公司的所有重要决策，仍然由雅诗·兰黛一人做出，特别是涉及新产品研发的事情，雅诗·兰黛更是不放松一丝一毫。这种情形让里奥纳多深感苦恼，他下决心要开发出一个新的产品系列，超过雅诗兰黛旗下的所有产品，向他的母亲雅诗·兰黛证明自己的能力。

如何在纷繁的美容护肤概念中抓住一个核心理念，并以此打动女性消费者的心呢？这并不是一件容易的事情，里奥纳多苦苦思索。一天，当他翻阅雅诗兰黛的几份市场调查报告时，一个有趣的现象引起了他的注意，那就是，很多参与调查的女性都承认，一天当中她们要洗很多次脸。这个现象在女性当中

很普遍，因此看上去也很普通，没有人深究其中的原因，只有里奥纳多，他总是觉得应该能从其中挖掘出一些什么。

后来，当里奥纳多和妻子聊天时，忍不住又提起这个问题："为什么女人要洗这么多次脸？"妻子伊芙琳随口答道："可能是一种卫生习惯吧。"这样的回答显然不能让里奥纳多满意，于是他又接着追问妻子："那么你一天洗几次脸？通常在什么情况下洗脸？洗完脸又会有一种什么样的感受？"

伊芙琳刚开始的时候觉得有些莫名其妙，又多少有几分尴尬，不过，她很快意识到丈夫并非闲聊天，肯定有他的用意，于是她开始认真思索丈夫的问题："洗脸，当然很多时候是为了清洁，不过有时候，当感觉皮肤紧绷或者觉得疲倦、紧张的时候，也总是想用清凉的水洗脸，似乎皮肤水润了，心情也放松了。"

夫妻二人在一问一答中，终于寻找到了一个全新的产品概念：为肌肤补充水分。这个概念如此清晰明了，让人一看就明白它会带给你什么，更重要的是，在当时的美容护肤品中，还没有一种护肤品提出这样的核心理念。

尽管里奥纳多为自己的发现而兴奋不已，但他最后还是决定听从妻子的意见，进行更充分的准备，让他的这个理念无论是从专业护肤的角度，还是从满足消费者需求的角度，都能站得住脚。只有这样，才能说服他那一向严谨的母亲雅诗·兰黛夫人。

里奥纳多找到了著名的皮肤科专家诺曼·欧林谦斯博士，这位博士在皮肤衰老方面的研究绝对称得上权威。而他最重要的一个结论恰恰就是，引起皮肤衰老的最重要原因就是缺乏水分。这恰恰和里奥纳多的产品理念不谋而合。有了博士的理论支持，里奥纳多对自己充满了信心，他决定向母亲郑重提出研发这款新产品的建议。

研发新产品，对于任何一家化妆品生产企业来说，都不是一件小事。雅诗兰黛公司为此专门召开会议，不仅家族的所有成员都出席了会议，公司所有的高级行政人员也全部到场。

当里奥纳多阐述完自己的新产品概念后，整个会场鸦雀无声，雅诗·兰黛夫人不表态，没有人敢率先打破沉默。雅诗·兰黛静静地坐在那里，既没有像往常那样转移话题，也没有任何表达不同意见的表示，她好像正在仔细地思考着。

里奥纳多心里急得像着了火一样，但他不敢有任何表示。他付出了那么多的汗水，花了那么多的心血，如果不能得到母亲的赞同，那不仅意味着自己的一切努力均白费，对自己的自信心来说更是一种毁灭性的打击。他多么希望有人能帮帮忙，可是他更清楚，这是不可能的事情，无论是父亲、弟弟还是妻子，谁都不敢抢在母亲之前发表任何意见，母亲是绝对的权威。

仿佛过了一个世纪那么久，雅诗·兰黛终于轻描淡写地对儿子说："请尽快安排我和那位博士见见面。至于你的建议，我需要再考虑考虑。"

"考虑考虑"——虽然这并不是一个肯定的答复，但里奥纳多对母亲的心思多少摸到了一些头绪，这个新产品的概念已经打动了她。如果博士再从专业的角度给予更加科学的说明，那么她十有八九会让儿子放心去干。

里奥纳多估计得一点儿也不错，雅诗·兰黛和欧林谦斯博士见面以后，当即邀请这位博士帮助她开发这个新产品系列。不仅如此，在里奥纳多提出的"补水"概念基础上，雅诗·兰黛还为这款新产品增加了一个新的概念——适合一切敏感肌肤。雅诗·兰黛提出的这一概念，后来成为倩碧品牌最为核心、也最为深入人心的理念。

实际上，第一个把女性皮肤分成不同类型的人并不是雅诗·兰黛，而是鲁宾斯坦夫人。她第一次把女性的皮肤按照油脂分泌的特性，分成干性、油性和中性这三大类，并指出，不同的皮肤类型有不同的护肤需要，应有针对性地选择合适的护肤用品。

也就是说，不管什么样的皮肤，都应该有所选择地对皮肤进行护理，这彻底颠覆了过去人们认为有问题的皮肤才应该护理的观念。而雅诗·兰黛进一步把皮肤分为敏感肌肤和非敏感肌肤两大类，无疑是对鲁宾斯坦夫人理论的拓展。而她之所以提出这样的概念，是因为她注意到，随着美容化妆用品的普及，越来越多的女性热衷于依靠这些东西来让自己变得更加美丽动人。而与此同时，过多地使用这些含有化学物质的化妆品，必将对皮肤造成伤害，甚至造成某些女性皮肤过敏，因为她们的皮肤本身就对某些物质非常敏感。如果针对这类人推出合适的美容护肤用品，无疑将会有很好的市场前景。

事情就是这样奇妙，当时美国几乎所有的药店里都有类似敏感肌肤用的润肤霜，虽然它更像是一种药膏，但是倩碧是第一个让健康护肤理念成为一种潮流的品牌，是第一个专为肌肤敏感女性设计推出护肤品的成功品牌。

雅诗·兰黛夫人的行事风格是不做则已，一旦她决定去做，那么就一定会计划周详并全力以赴地去做，尽自己所能去争取最好的成绩。当她决定推出这样一款产品时，不仅请来了欧林谦斯博士，还将《Vogue》杂志主编卡洛尔·菲利普斯也拉进了自己的队伍。

卡洛尔·菲利普斯是《Vogue》杂志的资深主编，当雅诗·兰黛向她发出邀请的时候，她正因为无缘《Vogue》总编一职而萎靡不振。不过，可别以为雅诗·兰黛的知遇之恩会让她感激涕零进而欣然接受，实际上，好几家化妆品公司都向她伸出了橄榄枝，其中包括最出名的露华浓公司。毕竟，卡洛

尔·菲利普斯是一位资深的女性时尚专家，当时《Vogue》杂志上有一个皮肤专家专栏非常受女性欢迎，这个栏目的策划者和以读者身份提出问题的正是卡洛尔·菲利普斯，巧合的是，回答问题的正是欧林谦斯博士。

几乎没有人能够拒绝雅诗·兰黛夫人，不管她是向你推销她的产品，还是推荐她的理念，卡洛尔·菲利普斯也不例外。因为雅诗·兰黛知道她最想要什么——一个机会，一个充满挑战性，同时又能够让她放手一搏，以证明自己能力和才干的机会。雅诗·兰黛把一个全新的品牌交给她，就是给了她这样一个机会，而在其他化妆品公司，她根本无法站上这样一个全面施展自己才华的舞台。

我们不得不说，雅诗·兰黛对人心体察入微的能力确实无人能及。卡洛尔·菲利普斯最终投入雅诗兰黛麾下，成为倩碧品牌的总裁。至于倩碧这个名字，来自于里奥纳多的妻子伊芙琳。当时她和里奥纳多正在法国旅行，巴黎街头到处都是"Clinique Aesthetque"（美容院）的牌子，这吸引了她的注意。Clinique这个拼写起来干干净净的字令伊芙琳印象深刻。回去和婆婆一说，一向对名字非常在意的雅诗·兰黛也对这个词很满意。当年她也是煞费苦心才把自己的名字改成带一点法兰西味道的"雅诗·兰黛"，这个极富法国风情的词Clinique当然正合她的意。就这样，Clinique，中文译为"倩碧"，成为这个新品牌的名称。

名字有了，下一个任务就是从包装上为它选择一个合适的形象。在雅诗·兰黛的心目中，如果雅诗兰黛的其他产品像一个衣饰华贵的淑女，那么倩碧就像一个穿着白大褂的医生，虽然朴素，但却能够给人一种专业的感觉，让人相信并依赖。因此，倩碧在包装上，不仅摒弃了一切华丽的元素，颜色上也仅选择了素淡的银色和浅绿色的组合，从视觉首先给人一种非常清新的感觉。

同样，倩碧设在各大百货商店里的专柜，也沿袭了这种简单干净的风格，没有任何多余的摆设。最引人注目的是，专柜上居然还摆放着一台电脑，这在当时可是一个让人震惊的创举。这台电脑就是用来分析顾客的皮肤类型，并帮助顾客根据电脑分析结果来有针对性地选择合适的产品的。这是雅诗·兰黛的主意，她相信，电脑的权威性有助于增强消费者对倩碧产品的信心。

作为营销推广的一个重要环节，雅诗·兰黛一向对推销人员的培训和选择非常重视，这一次当然也不例外。她这次并没有亲自出马，而把这项任务交给了大儿媳伊芙琳。伊芙琳亲自挑选了6位倩碧小姐，她们无一例外拥有健康的皮肤、出众的口才以及昂扬的斗志，伊芙琳按照自己制订的培训计划，对这些销售小姐进行了为期一个月的封闭训练，不仅让她们对倩碧的品质、功效以及使用方法了如指掌，而且还教会她们用一套专业性很强的语言为顾客解答皮肤护理，以及化妆品使用方面的问题。一个月的培训结束后，这6位倩碧小姐分头奔赴全国各地的倩碧专柜，向专柜的推销员传授产品知识以及推销技巧。

值得一提的是，倩碧专柜的推销小姐们着装也非常有特色，她们统一穿着雪白的大褂，简洁干练，一下子就从周围桃红柳绿的环境中跳了出来，非常吸引眼球。

1968年9月，在纽约的萨克斯百货，倩碧终于正式上市。当时，倩碧旗下的产品并不多，只有洗面皂、收缩水以及润肤霜三款，不过，这最早问世的三款产品，直到今天仍然是倩碧最知名、最经典的产品。欧林谦斯博士不仅为人们提供了这三款产品，而且创造了简单的3分钟护肤策略。倩碧品牌的总裁卡洛尔以她出色的表达能力，在倩碧的广告中这样向人们阐释博士的策略："倩碧的皮肤专家告诉你，每天早晚，只需3分钟，用倩碧洁面皂清洁你的肌肤；然后，选择适合你肌肤类型的收缩水彻底清除脸上残存的污渍；最后，用润肤霜滋润肌肤。就是这么简单。"

简单，似乎成了倩碧推广的关键词。简单的广告词，配着简单的广告画面：一只透明的没有一丝污渍的玻璃杯，杯子里插着一把普普通通的牙刷。标题：一天两次。简单的画面，简单的文字，只是为了告诉你，一天早晚两次使用倩碧，就如同一天早晚两次刷牙一样，必不可少，健康保障。这张出自摄影师欧文·潘之手的作品，直到今天仍被誉为经典的广告图片。不过，当年他把这支"牙刷"交给卡洛尔的时候，还是让卡洛尔大吃一惊，并且差一点被雅诗·兰黛和里奥纳多"枪毙"。但在最后，他们还是接受了这样一个看起来与护肤品一点边儿都不沾的广告。结果，这个倩碧广告不但在美容界收获无数好评，就连艺术界的权威人士也对这幅作品大加赞赏。美国现代艺术博物馆摄影部的艺术总监约翰·扎科夫斯基曾毫无保留地称赞说："这是一幅天才的作品。"

倩碧刚上市的时候，雅诗·兰黛又一次拿出她的法宝——购买任何倩碧产品，都能够免费获得一支唇膏，用她的慷慨吸引着女人们纷纷涌向各地的倩碧专柜。倩碧品牌真正赢利，是6年以后。尽管倩碧上市多年一直入不敷出，尽管从当纳传媒集团购买倩碧的商标使用权花费了巨资（当纳传媒集团旗下的亚克和亚克化妆品公司在此之前已经拥有一个名为"倩碧"的产品），但是雅诗·兰黛从来没有后悔过。倩碧也没有令她失望，上市的第6年开始扭亏为盈，又过了4年后，在倩碧上市10周年的时候，其年销售额已经高达8000万美元，而在不到20年的时间里，它为雅诗·兰黛一家带来的回报已经接近20亿美元。

倩碧的成功，让雅诗兰黛帝国稳稳地矗立在美国的化妆品界，并且帮助雅诗·兰黛彻底打败了她最主要的竞争对手查尔斯·瑞夫森，迎来了真正属于她的时代。

Estēe Lauder

第六章　永远不会结束的
"成功故事"

Estēe Lauder

第一节　培养合格的接班人

> 父母必须让孩子知道，在成长的道路上，不可能是一帆风顺的。成功往往是与艰难困苦、坎坷挫折相伴而来的。
>
> ——芭贝拉·罗斯

当雅诗·兰黛和丈夫约瑟夫·劳德一砖一瓦地构建着她的雅诗兰黛帝国，并向她神往已久的上流人士生活一步步迈进的时候，她开始考虑如何把自己一手创造的财富永远牢牢地掌握在自己家族的手中。在这一点上，雅诗·兰黛显然比她之前的两位女王成功得多：赫莲娜·鲁宾斯坦后来被法国欧莱雅化妆品集团收购，而伊丽莎白·雅顿最终也没有摆脱成为国际香水香料集团子公司的命运。她们穷尽一生创造的财富，最后都被别人收入囊中。雅诗·兰黛可不想把自己辛辛苦苦建立起来的一切白白地交到别人手中。因此，她在自己两个儿子身上倾注了大量的心血，要把他们培养成合格的接班人。她知道，只有她的事业后继有人，她所创造的辉煌才能够一直延续下去，家族的美好生活才能延续下去。

从学生时代起，里奥纳多就已经参与到家族事业中来了。每当周末，他就骑上自行车，把雅诗兰黛产品送到各大百货商店。可以说，他见证了父母创业的艰辛过程，加之他又是家族的长子，他的心中有一种天然的使命感。那就是，某一天要接过父母肩上的担子，让雅诗兰黛在他的手中继续发展、壮大。

雅诗·兰黛也的确对里奥纳多寄予了厚望，里奥纳多做事认真，有责任心，和从小泡在蜜罐里的小儿子罗纳德相比，他身上没有那么多富家子弟的习气，也不觉得纵情享乐比拼命工作更有意义，天生就是一块干大事的材料。

可是，把一块好钢锻造成一把好刀，是需要一个艰难的过程的。从众望所归的事业继承人，到真正坐到雅诗兰黛的头把交椅上，里奥纳多同样经受了漫长的煎熬。一般人都认为，里奥纳多陪伴着他的父母一起走过了最艰难的那段日子，里奥纳多和母亲雅诗·兰黛之间应该有着深厚的感情和深刻的默契，但是，呈现在人们面前的却完全是另一番景象。

里奥纳多在母亲面前总是表现得很拘谨，甚至很客气。在公司，他总是称呼母亲"雅诗·兰黛夫人"，两个人交流的机会并不多，偶尔交谈几句，话题也总是围绕着公司的业务，仿佛他们之间除了工作之外就没有别的什么好谈的了一样。和弟弟罗纳德在母亲面前的亲昵不同，里奥纳多每次和母亲说话总是表现得很紧张，甚至让人不由得怀疑是不是他小时候口吃的毛病又要犯了。其实自从少年时代的他被父母送到一个专门的学校里加以矫正以后，就基本恢复了正常，长大以后任何人都看不出他少年时代曾经有过小小的发声障碍。他只不过是在一向强势的母亲面前习惯性地紧张而已。

为什么里奥纳多一到母亲面前就感到紧张？里奥纳多总是怕自己表现得不够好，让母亲失望。只有里奥纳多明白为什么母亲对他不像对弟弟那么亲近，因为母亲对他们两个人的期望不同，他是未来雅诗兰黛家族企业的领头人。而要想成为一个合格的领头人，仅仅靠母子亲情是不够的，他需要更多的历练，更多的煎熬，只有像母亲那样人情练达，世事洞明，具有干脆利落地解决一切复杂问题的魄力和手腕，他才能够担起这副沉重的担子。

雅诗·兰黛其实非常注重对里奥纳多的培养和训练。从里奥纳多小时候起，雅诗·兰黛就让他利用课余时间去百货公司送货，到母亲的办公室去帮着记账，或者到父亲的实验室学习配制产品。用雅诗·兰黛自己的话来形容，当里奥纳多开始对唇膏这种东西有比较清楚的概念的时候，他就已经在制作这种东西了。里奥纳多16岁的时候，为了培养他独当一面的能力，雅诗·兰黛甚至决定和约瑟夫一起出门度假，让里奥纳多一个人在家负责所有生意上的往来。后来因里奥纳多突然生病而作罢。

里奥纳多大学时就读于沃顿商学院，这是一家全美顶尖的商学院，毕业后，他又进入哥伦比亚大学商学院攻读硕士学位。可以说，对于商业经营和企业管理，经过多年系统而深入学习的他比母亲雅诗·兰黛掌握了更多的专业知识。但对于雅诗·兰黛来说，这些都不足以让她把企业放心地交到儿子手中，因为理论永远不能代替实际，也永远没有实际鲜活。在里奥纳多读书期间，雅诗·兰黛一直让约瑟夫把雅诗兰黛公司所有的重要信函复印下来寄给他，让他保持对公司的了解，也让他明白，为家族分忧是他作为长子的责任。

1958年，里奥纳多结束了在海军三年半的服役生涯后，正式成为雅诗兰黛的全职员工。从此，他一心一意地将自己毕生的时间、精力以及才华全部奉献给雅诗兰黛——母亲倾注了全部心血建立起来的家族企业。

儿子的努力，作为母亲的雅诗·兰黛全都看在眼里，她内心深处觉得十分欣慰，但是表面上却很少流露出来。相反，只要里奥纳多身上有什么令她不满意的地方，她就会毫不留情地指出来，并且让他马上改正。因为，她在他身上寄予了家族美好未来的全部期望。

那是里奥纳多正式加入公司之后发生的一件事。一次，约瑟夫和妻子闲聊时提到，他们的长子里奥纳多不是很注意自己的形象，他不仅不讲究穿着打扮，甚至还有几分邋遢，他提醒雅诗·兰黛找一个合适的时间以母亲的身份劝劝儿子。毕竟里奥纳多已经是一个成年人了，而且已经进入家族企业工作，应该在个人形象上多花点心思。丈夫的话，让雅诗·兰黛大吃一惊。因为无论是她还是约瑟夫，一直以来都以重视自己的仪表而为人所称道，她觉得他们夫妻二人在穿着打扮方面也颇有品位，怎么自己的儿子非但没有继承这种"优良传统"，反而表现得如此不修边幅呢？雅诗·兰黛觉得这简直不可思议。

雅诗·兰黛并不像约瑟夫那样，认为这只不过是儿子的生活小节，在她看来，问题要比这严重得多。因为里奥纳多并不是普通人，他将是雅诗兰黛公司的第二代掌门人，雅诗兰黛是一家传播美丽、出售美丽的企业，如果它的掌门人一副邋遢形象，那人们还怎么去相信它的产品能够让人变得更有魅力呢？

雅诗·兰黛觉得必须改变里奥纳多的这个坏毛病，从那以后，她格外留意儿子的穿着打扮。经过观察，她发现，里奥纳多确实不像许多富家子弟那样讲究穿戴，这可能和他三年的海军服役生涯中所受的影响有关，军队的俭朴作风令他一时还不适应身份的转变。

一天，里奥纳多正在和员工聊天，雅诗·兰黛恰巧经过。她发现，儿子的脚上竟然还穿着那双已经破旧不堪的军官皮鞋，她立刻生气地命令里奥纳多到她的办公室去。

"你知道你现在是在什么地方吗？你知道你现在是什么地位吗？"雅诗·兰黛的责问让里奥纳多完全不明白发生了什么事情，他那一头雾水的表情更烧旺了母亲的一腔怒火："身为一家年收入超过80万美元的大化妆品企业的继承人，你怎么可以这样不注重自己的形象？你知不知道，你的形象就代表了公司的形象？你穿得像个乞丐一样，仿佛一点礼仪都不懂，别人会怎么看我们？"

可怜的里奥纳多甚至来不及辩解，就被母亲召唤来的公司行政副总裁拉了出去，母亲命令副总裁立刻带里奥纳多去买衣服，因为她看到这样一个儿子都快难受死了，她想要一个形象完全不一样的儿子。除了乖乖听命，里奥纳多不知道还应该怎么办，因为他承认母亲说的有道理，作为雅诗兰黛的继承人，他已经是一个众人瞩目的公众人物，必须学会放弃一些个人的喜好，一切从公司的利益出发。如果连这一点都做不到，还说什么承担重任呢？

不过，里奥纳多的不修边幅还不是最让雅诗·兰黛苦恼的，最让她烦恼不堪的，是里奥纳多和下属的关系。

里奥纳多对人十分和善，与人交往也十分真诚，即使和自己的下属也不例外，因此，上下级之间的关系十分亲近。可正是这一点，让雅诗·兰黛极为不满。在她看来，如果老板过于

和善，缺乏上流阶层应有的威严，那么他将无法对员工们实行有效的管理。里奥纳多始终没有学会母亲的这种强势，也许是本身性格使然，也许是现代企业管理理论教给了他不同于母亲的方法，反正他对待员工一直态度和蔼，似乎也没有哪个员工因此而不尊重他，更别说因此而离他而去。反倒是雅诗·兰黛的专横，让一些员工因意见不被尊重而拂袖而去。

安迪·卢卡利就是被雅诗·兰黛"气"跑的。这个年轻人是雅诗兰黛公司美术部门的负责人，主要负责产品的包装设计。安迪·卢卡利的设计走华丽路线，一直都令雅诗·兰黛非常满意，不过，后来有一次，安迪·卢卡利在为雅诗兰黛设计圣诞贺卡的时候，因为没有按照惯例模仿美国最著名的礼品珠宝商蒂芙尼圣诞卡的风格，更没有将蒂芙尼圣诞卡上的印鉴复制后放在自己的设计上，惹怒了雅诗·兰黛。雅诗·兰黛把安迪·卢卡利召到家里，态度傲慢地表示，年轻人设计的这种贺卡，她甚至都不屑于送给自己的女佣。

年轻人感到自己的尊严受到了侮辱，第二天连班都没去上。里奥纳多听说这件事以后，亲自跑到卢卡利的家里，替母亲向他道歉，并恳请他继续留在雅诗兰黛工作。虽然安迪·卢卡利在公司又待了一段时间，但那不过是看在里奥纳多的面子上，他知道自己已经无法和雅诗·兰黛保持过去那种愉快的合作关系了，后来他离开了雅诗兰黛，创建了自己的化妆品公司。

虽然雅诗·兰黛在雅诗兰黛说一不二，但总的来说她对下属还是十分慷慨的，而且她身上仿佛有一种魔力，吸引着人们围绕在她的左右。这种魔力，一半是来自于她对工作的那种似乎永不衰竭的热情，另一半则来自于她对市场的精准研判以及对潮流的恰切把握。她的权威地位是靠她的实力建立起来的，而作为一个企业的领导人，要想树立自己的权威，人品固然重要，更不能缺少的还有实力。而里奥纳多需要培养或者说需要磨炼的，正是这种带领一个企业不断向前发展的实力。

里奥纳多完全理解母亲的一片苦心，正因为如此，从他进入雅诗兰黛的第一天起，他就时刻以一个企业接班人的标准来严格要求自己。为了尽快熟悉公司的业务，在很长的一段时间里，无论大事小情，他都亲自过问、参与，力求了解和掌握公司复杂事务的每一个最细微环节，并最终圆满地完成它。他想在最短的时间内获得母亲的认同，但是，他很快就失望了。母亲在他加入公司不久后就把公司三分之一的股份转到了他的名下，可是母亲对他并不放心，一个最明显的表现就是，对于公司的事务，他没有决定的权力，一切都要听母亲的，雅诗·兰黛夫人才是唯一有权做决定的人。每当他有了新想法，兴致勃勃地向母亲提出建议时，几乎无一例外地遭到母亲的反对。

一次，里奥纳多向母亲建议，在雅诗兰黛的产品线上增添一个新品种——指甲油，结果被雅诗·兰黛断然拒绝。里奥纳多仅仅看到了指甲油给露华浓帝国带来的巨大利润，却不清楚侵入查尔斯·瑞夫森的地盘将会是什么样的严重后果。雅诗兰黛还不具备和露华浓抗衡的实力，惹恼了那个对竞争对手冷酷无情而又不择手段的家伙，说不定就会被他一口吞掉。雅诗·兰黛可不会去冒这个险，尽管她知道，早晚有一天他们会成为正面交锋的对手，但现在显然还不是时候。

在母亲那里碰了个钉子的里奥纳多还是不死心，这一点倒是和雅诗·兰黛很像——不达目的不罢休。不久，雅诗·兰黛和约瑟夫外出旅行去了。里奥纳多决定趁此机会设计一款全新的产品，以此向母亲证明自己的水平。和母亲一样，他也是一个决定了就立刻付诸行动的人，从确定目标的那天起，他就开始天天泡在实验室里，和研发小组的工作人员一起抓紧一切时间工作。当妻子伊芙琳对他的早出晚归表示惊诧时，里奥纳多决定和她分享自己的秘密，他告诉妻子，自己正在争分夺秒地设计一款新产品。

伊芙琳当然明白里奥纳多的心思，不过她也同样了解雅诗·兰黛夫人。所以她劝丈夫不必心急，也不必太刻意地去做一些事情，一切顺其自然就好。因为雅诗·兰黛夫人是一个不会容易相信别人的人，她只相信自己，而公司从无到有，从小到大，她居功至伟。事实证明，她做出的每一个决定都是正确的，所以，要得到她的信任，不是一件容易的事，也不是一个

能够在短时期内实现的目标。里奥纳多进入公司的时间尚短，对化妆品行业的了解尚浅，所以无论他多么有能力，多么有才华，雅诗·兰黛也不会把决定权交给他。与其盲目急进，不如踏实做好分内的工作，把一切交给时间。

伊芙琳是一个心思玲珑的女人，尽管她说的话句句在理，但是急于求成的里奥纳多却完全听不进去，甚至觉得妻子和母亲一样，不相信自己的能力。这个倔强的男人越发斗志昂扬，他不仅要向母亲，也要向妻子证明，自己能行！

经过夜以继日的工作，里奥纳多终于赶在父母回来之前，将一款全新的护肤霜成功地研发出来。雅诗·兰黛回来以后，召集公司的高层人员，准备召开一次销售会议，里奥纳多决定借此机会，将他耗尽心思研发的这款护肤品当着所有高层行政人员的面儿，郑重其事地献给他的母亲。

结局还是一样的悲惨。当里奥纳多口若悬河地把产品的创意、成分以及品质等讲解完以后，眼巴巴地望着母亲，等待着她的夸奖和赞美时，在座的人都不忍心看他。因为他们知道，等待里奥纳多的肯定不是夸赞，他们太了解雅诗·兰黛了，也太了解她对这个未来将担当大任的儿子有着怎样苛刻的要求了。果然，雅诗·兰黛拿起样品，只轻描淡写地看了一眼，甚至连闻都没闻一下，就说："不错。"里奥纳多还没来得及高兴，就听到母亲接着说："不过千万不要用雅诗兰黛的名字。

如果你真那么喜欢的话，用你自己的名字好了……"直到会议结束，她都没再看一眼里奥纳多的新产品，更没提一句有关新产品的事。

从那以后，公司里几乎所有人都知道，雅诗·兰黛夫人从来不会受任何人意见的干扰和影响，其中也包括她的儿子——她事业的继承人。在雅诗·兰黛夫人面前，没有人例外，人人平等。里奥纳多虽然有时候也难免对母亲的专制抱怨几句，但他也只能如妻子伊芙琳所说的那样，背负着母亲的期望，乖乖地从做好本职工作起步。不过，他和他的母亲一样，想做的事情在没达到目的之前绝不会轻易放下。正因为如此，才有了后来"倩碧"的问世。

第二节　打败最强大的竞争对手

什么都可以模仿，只有品位是天生的。

——雅诗·兰黛

20世纪60年代，在美国化妆品界叱咤多年的两位"粉红大亨"——鲁宾斯坦夫人和雅顿小姐先后离世，正如雅诗·兰黛

夫人所说："它意味着一个时代已经彻底结束了。"那么，在即将到来的新时代，谁能够成为新一代的领军人物？

雅诗·兰黛当然不想放过这样的机会，但是她同样明白，在通往女王宝座的这条路上，还有一个她必须打起十二万分精神去对付的竞争对手——查尔斯·瑞夫森，露华浓的缔造者。

其实，当时无论是从公司的规模还是从品牌的知名度来看，雅诗兰黛都不是露华浓的对手。露华浓已经是美国各大化妆品生产企业中当之无愧的老大。1965年，即鲁宾斯坦夫人去世那一年，雅诗兰黛公司的销售额是1400万美元，而露华浓的销售额却是雅诗兰黛的7倍，雅诗兰黛一年的营业额仅仅相当于露华浓在广告上一年的投放额。

不过，随着两位女王的离世，雅诗·兰黛和查尔斯都非常清楚地意识到，化妆品市场必将面临重大调整，谁能抓住机会，谁就能从原来被这两大化妆品女王霸占的市场中分一杯羹。因为失去了灵魂人物，这两大化妆品公司必将面临一段时间的动荡局面，那么，谁能够在市场上抢占先机，谁就会在以后的竞争中占据优势，并进而取得最后的胜利。这一点，雅诗·兰黛一清二楚。虽然查尔斯过去并没有把雅诗兰黛放在眼里，但此时此刻他已经意识到，这个一头金发的小女人才是自己最危险的对手，就如同过去的鲁宾斯坦夫人和雅顿小姐一样。

棋逢对手，雅诗·兰黛严阵以待，查尔斯却并没有那么紧张，因为想方设法地打败竞争对手，这对于他来说简直就是家常便饭。从他创立露华浓的那一天起，他就不断面临竞争对手的挑战，但从来没有一个人能在他那里占到哪怕一星半点的便宜。从最早一家叫"蓝鸟"的化妆品公司，到接下来的"红杜蕊"品牌、"琛玉"公司，再到一度和他展开激烈竞争的"海泽尔—比索普"公司，无一例外地都败在他的手下。尽管他的手段有时候并不光彩，甚至有些卑劣，但他不在乎，只要不影响他的帝国发展，名声好坏他完全不放在心上。

面对这样一个完全不按规则出牌的对手，雅诗·兰黛除了敬而远之，还真想不出什么其他的好办法。其实，雅诗兰黛和露华浓无论是从产品风格上看还是从覆盖群体上看，都是两个差异明显的品牌。雅诗兰黛走中高端路线，讲究品位、格调，注重对女性皮肤的保护，强调循序渐进的改变；而露华浓一直以来走的都是中低端路线，以年轻女性为主要消费群体。查尔斯对一切高深的护肤理念都嗤之以鼻，在他看来，女性需要的是立刻就能看见效果的化妆品。所以，在很长一段时间里，露华浓的产品重点都集中在彩妆产品上，因为只有指甲油、口红以及化妆品这些东西，才能用艳丽的色彩，使一个女人的外表瞬间发生改变。

不过，正如雅诗·兰黛在接受记者采访时所分析的那样，因为露华浓只是一个大众品牌，所以它的产品定价不高，也就是说，它很难获得较高的利润率。这也就意味着，露华浓的快速发展是靠"量"的积累来实现的，而不是以"质"取胜。雅诗·兰黛的分析可谓一针见血地指出了露华浓的弱点，靠一时的新鲜感吸引消费能力一般的年轻女性毕竟不是长久之计。只有像雅诗兰黛那样，用高贵的品质把一群有经济实力的女性吸引在周围，才会有稳定而长期的发展。这也是查尔斯的苦恼之处，此前他也尝试过研发生产高档护肤品，但可惜都不成功。在这方面，他显然没有雅诗·兰黛那么有经验。不过这也难不倒查尔斯·瑞夫森，他有他的法宝，虽然在化妆品界众所周知，但是确实屡试不爽，那就是——抄袭。

查尔斯的抄袭可跟别人的抄袭不一样，别人抄袭或掐头去尾，或七拼八凑，总而言之务求他人看不出本来面目。查尔斯可不想这么麻烦，他的抄袭是彻头彻尾的抄袭，无论是产品的创意、名称还是包装，他全部照搬过来，然后，用更多的广告，更便宜的价格，将对手彻底打垮。正如他经常教育部下时说的那样："模仿是对付竞争者最好的武器。"自然，当雅诗兰黛成为他最强劲的竞争对手时，他毫不客气地将这个法宝使用在了雅诗·兰黛的身上。

当雅诗·兰黛向她的客户赠送礼品时，查尔斯也向他的客户赠送礼品；当雅诗·兰黛决定为雅诗兰黛找一位形象代言人时，查尔斯立刻和自己品牌的模特签订了独家代言合同；当雅诗·兰黛推出"倩碧"，查尔斯也推出了"以太娜"；雅诗·兰黛推出了以自己名字命名的香水"雅诗·兰黛香水"，以"查理"命名的香水也随之问世。雅诗·兰黛即便恨得牙根痒痒，也不敢直接去向那个"疯子"兴师问罪，只能向前来采访的记者大吐苦水，骂查尔斯厚颜无耻，原封不动地照抄自己的东西，就像个小偷一样。

在最关键的两次竞争中，查尔斯尽管采取了同样的抄袭战略，但最终还是败给了他口中的那个"金发小妇人"，以至于让雅诗兰黛的实力向他的露华浓帝国又靠近了一步。

第一次是在男用化妆品领域的竞争中，查尔斯·瑞夫森首尝败绩。

雅诗·兰黛夫人并不是吹响进军男性护理用品市场号角的那个人，但她却是从这个巨大的市场中获益最多的人。20世纪50年代，雅顿小姐注意到，美国的男性开始变得比以往任何时候都注重自己的外表。她意识到，这是一个充满了巨大潜力的新兴市场，于是她率先推出了"雅顿男人护理系列"，并且在自己的沙龙里增设了雅顿男性精品店，在业界引发强烈反响。鲁宾斯坦夫人紧随其后，推出了以她第二任丈夫的名字命名的男性护理系列。雅诗·兰黛当然也不会错过这个机会，但当她

推出她的"阿拉密斯"时，已经是1965年了。这个包括香水、古龙水和须后水的产品最初并没有引起市场的反响，雅诗·兰黛只好暂时放弃。但她始终觉得，无论是产品概念还是"阿拉密斯"这个品牌本身，都一定会获得认可。

于是，在对产品品类进行丰富并进行重新包装以后，1967年，"阿拉密斯"再次闪亮登场。与两年前不同的是，它不再只是一个单一类别的产品品牌，而是一个包括了洗发水、运动面霜甚至手霜等21种产品在内的完整的男用化妆品系列。在经历了第一年的业绩平平之后，从第二年开始，"阿拉密斯"就开始为雅诗·兰黛带来不菲的收入。

"阿拉密斯"的成功令查尔斯眼红，于是，他紧随其后推出了自己的男性化妆品品牌"布拉吉"。不但包装和"阿拉密斯"如出一辙，就连广告，查尔斯也不顾助手的劝阻，放弃了自己最喜欢的浓墨重彩，而选择模仿"阿拉密斯"的黑白格调。

"布拉吉"一上市就获得了不错的业绩，而且销量节节攀升。这样的结果让查尔斯非常满意，他决定进一步加大"布拉吉"的广告投放。可没想到，好景不长，"布拉吉"的销量一落千丈，最后竟然落得个无人问津的境地——男人们总是很粗心的。一开始，他们以为看起来很相似的这两款产品根本就是同一个东西，后来，他们终于明白过来，"布拉吉"并不是

"阿拉密斯"，经过比较，他们最终在两者之间选择了雅诗兰黛的"阿拉密斯"。

当查尔斯·瑞夫森从一心想打败对手的狂热情绪中清醒过来，并意识到完全失去自我风格是"布拉吉"的一大失误时，为时已晚。在男性个人护理用品这个市场上，"阿拉密斯"已经成了最受欢迎的品牌，无人能够撼动它的地位。

雅诗·兰黛首战告捷，这场看不见硝烟的战争刚刚拉开序幕，"阿拉密斯"的胜利，让雅诗兰黛和露华浓之间的差距逐渐缩小，它们之间的力量对比正在一点点地发生着微妙的变化

第二次，在与低敏感护肤品"倩碧"的竞争中，查尔斯·瑞夫森再一次受到打击。

尽管查尔斯·瑞夫森对所谓的健康护肤潮流不以为然，但是对于竞争对手雅诗·兰黛夫人的一举一动，他都力求了解得一清二楚。这一点对于他来说似乎并不是太难，他有许多的手段。当年，他与海泽尔—比索普公司竞争的时候，甚至在对手办公室的电话上全部安装了窃听器，这样见不得光的手段他都能堂而皇之地使用，真想不出为了打败对手，他还有什么是不能做的。

雅诗·兰黛为了防范查尔斯·瑞夫森抄袭做足了保护措施，在"倩碧"正式上市之前，他对这款新产品知之甚少。雅诗·兰黛非常看好"倩碧"的市场前景，正因为如此，在"倩

碧"从策划、研发到上市的整个过程中，整个雅诗兰黛公司都如临大敌，雅诗·兰黛一家更是严阵以待。不仅所有的产品配方都被锁在公司的保险柜里，就连每次针对"倩碧"召开的会议记录也都在会议结束后放进保险柜中锁起来，只有雅诗·兰黛一家才知道保险柜的密码。在实验室里，倩碧没有正式的名字，只有一个代号，倩碧的办公室更是连一个窗户都没有，那种戒备森严的状况简直可以媲美监狱里的密室。

不过，在倩碧上市一年以后，查尔斯·瑞夫森还是推出了类似的产品——"以太娜"。他又一次遭遇了失败的命运。因为他实在是太想打一个翻身仗了，所以当他得知雅诗·兰黛即将推出新产品时，立刻责成露华浓的研发部门用最短的时间推出自己的同类产品。不过，由于雅诗·兰黛对他防范得十分严密，所以他事先并没有获得更多的新产品信息，只是大致了解产品的理念。在这种情形下，露华浓的研发部门马不停蹄地工作，用7个月的时间，完成了"以太娜"从研发到生产、包装的全过程，而同样的过程，"倩碧"用了足足两年的时间。绷到极限的工作状态，肯定会让工作有一些疏漏之处，所以尽管"以太娜"紧跟着"倩碧"的脚步上市，但先天的不足让它无法在激烈的竞争中生存下去，不得不很快就退出了市场。

这场竞争的结果是，"倩碧"完胜"以太娜"，雅诗·兰黛又一次打败了那个她最讨厌的男人。

到了这个时候，雅诗兰黛的规模虽然跟露华浓还差得很远，但在品牌的美誉度上，却有后来居上的趋势。零售商也更喜欢雅诗兰黛，因为雅诗·兰黛的挑剔让她对零售商的审核相当严格。而露华浓则来者不拒，这虽然使露华浓的经销商在数量上比雅诗兰黛的多得多，但也正是这一点，让零售商很不开心。他们抱怨说，遍地开花的露华浓经销商让他们无法拥有固定的消费群体，因为顾客也不傻，反正到哪儿都能买到露华浓，那就哪家的优惠力度大去哪家。倩碧对经销商的挑选更严格，到1983年倩碧上市15年的时候，全美国也不过只有287个经销商。这种数量上的严格控制不仅在一定程度上帮助经销商拥有固定的顾客群体，也更加有助于维持倩碧的品牌形象，所以无论在顾客的心中还是在经销商的心中，倩碧都是高端大气、值得信赖的品牌。

经过这两次竞争之后，雅诗兰黛的知名度迅速攀升，而它的创始人雅诗·兰黛夫人也毫无争议地成为新一代的美容女王。

第三节　开始梦寐以求的新生活

> 无论做什么事情，只要肯努力奋斗，是没有不成功的。
>
> ——牛顿

20世纪60年代，雅诗兰黛进入全面发展的黄金时代。作为美国化妆品行业的重要公司，它自然也吸引了许多才华横溢的人士加盟其中。比如雅诗·兰黛最得力的助手艾达·斯沃塔，负责撰写公司所有广告文案的杰·利蒙，以及在产品的包装设计上具有独到的艺术眼光和审美能力的伊拉·利夫等，他们都是在这个时期进入雅诗兰黛，并从此再也没有离开过，他们和雅诗·兰黛一家一起齐心协力地建造了后来的雅诗兰黛帝国。

随着这些既富有才华又忠心耿耿的员工的加入，以及大儿子里奥纳多的渐渐成熟，雅诗·兰黛觉得，她可以把公司的日常事务交给里奥纳多，自己去过另外一种生活了，一种她从少女时代起就梦寐以求的上流人士生活。这固然是一种生活上的享受，但却又不完全如此，过上流人士的生活，成为上流人士

当中的一员，对于雅诗兰黛品牌形象的推广同样具有重要的意义。所以，这也是工作，甚至是更重要的工作。

雅诗·兰黛决定，从给她留下美好回忆的棕榈滩开始这项意义重大的工作。

重回棕榈滩的雅诗·兰黛早已脱胎换骨，今非昔比，很快，她就通过房地产中介购买了一套气派典雅的别墅。然后，就在这座城堡里，向棕榈滩的社交界发起了进攻，她的秘密武器依然是——免费赠送。

当时的棕榈滩社交女王玛丽·珊芙热衷于举办各种宴会，当然，其中也包括为各种慈善团体举办名目繁多的慈善活动。雅诗·兰黛夫人虽然还并不认识玛丽·珊芙，但是这并不妨碍她把一篮又一篮的雅诗兰黛产品送给女主人，让她作为礼物分发给参加宴会的客人，这其中自然也少不了送给女主人的礼物。

雅诗·兰黛从来就明白，没有付出，就不会有回报。她也相信，自己的慷慨一定会赢得丰厚的回报，这是她在多年的推销生涯中总结出来的经验。这次她又成功地和玛丽·珊芙成了亲密的朋友，她也同时敲开了棕榈滩上流社会的大门。

不过，真正使雅诗·兰黛步入上流社会，并且让她的名字响彻棕榈滩的，却并非玛丽·珊芙，而是另一个女人，一个非常有名的女人——温莎公爵夫人。

纵观世界，温莎公爵夫妇可以说是整个20世纪最富有传奇色彩的人物，他们的爱情故事一直都被公认为是"20世纪最伟大的爱情"。这对夫妇不仅是美好爱情的楷模，也是优雅品位的典范，他们走到哪里，整个世界关注的目光就追随到哪里。他们也是当时美国上流社会最为追捧的对象之一，谁若是有幸能成为他们的朋友，谁就将成为整个美国社交界的明星。正是在这样的背景下，当雅诗·兰黛得知公爵夫妇来到棕榈滩度假时，就开始千方百计地接近这对名人夫妇。可是，以她当时的地位和身份，是根本没有机会接触自己的"皇家偶像"的。功夫不负有心人，温莎公爵夫妇离开棕榈滩那天，雅诗·兰黛的机会终于来了。

那天，公爵夫妇在一众人等的陪伴下，乘车提前来到西棕榈火车站。正当夫妇二人坐在车里焦躁地等待出发时，雅诗·兰黛乘坐的汽车缓缓地驶进火车站，并刚好停在公爵夫妇的汽车旁边。雅诗·兰黛走下车，来到公爵夫妇半开的车门前，礼貌地打招呼。一名摄影师就在这个时候出现在旁边，于是，快门频闪，把这对于雅诗·兰黛来说具有历史意义的珍贵瞬间永远地留了下来，并在第二天作为头版头条刊登在《迈阿密每日新闻》上，并随后出现在其他更多的报纸上。

不管是巧合，还是有意设计，总而言之，雅诗·兰黛夫人的目的达到了。在美国上流社会的社交圈里，她一举扬名，

168

没有人敢说温莎公爵夫妇的朋友不是上流社会人士，雅诗·兰黛终于如愿以偿地真正踏进了美国上流社会，过上了上等人的生活。尤其是她在棕榈滩的生活，和一个真正的"社交女王"的生活别无二致——要么在自己的晚宴上，要么在别人的晚宴上。雅诗·兰黛再也不用眼巴巴地羡慕别人，她的晚宴在整个棕榈滩都非常有名，人人都以收到她的请柬为荣。每逢她举办晚宴的时候，整个棕榈滩上有头有脸的人都在互相打电话询问："你收到雅诗·兰黛的请柬了吗？"

不过，即便是收到了请柬，对于某些人来说，参加雅诗·兰黛的晚宴也不是什么愉快的事情。因为雅诗·兰黛总是把她的客人按照身份和地位分成三等，分别用一个晚上来招待，所以，雅诗·兰黛的晚宴也经常是一连举办三天。像温莎公爵夫妇，在很长的一段时间里都是雅诗·兰黛最高贵的客人，也是最尊贵的朋友；至于她的那些犹太人朋友，毫无例外都是第三天参加晚宴的客人。

雅诗·兰黛一直瞧不起犹太人，她也从来不承认自己是犹太人，她的这种态度，让一度身为雅诗兰黛公司对外发言人的里奥纳多非常为难。因为这就意味着，他必须竭尽全力维护雅诗·兰黛的秘密，包括她的出身，她的年龄等等，有时候，哪怕尽人皆知他在撒谎，他也得硬着头皮说下去。一次，一位女记者计划写一本书，记录著名犹太人的事迹，这些"著名犹

太人"当中就包括雅诗·兰黛夫人。当她对里奥纳多进行采访时，后者面对着诸如"你如何看待自己作为一个犹太人的成长经历"之类的问题沉默良久，然后摇摇头，坦率地说："这些问题我无法回答。"里奥纳多非常清楚，他的母亲从来没有像现在这样渴望摆脱自己的犹太人身份。关于这一点，她希望人们记住她向媒体所描述的：她的父亲是一位高贵的伯爵，她的母亲则来自维也纳，自己小时候在欧洲的一座古老的城堡里长大。到美国以后，她随父母住在豪华的房子里，家里有保姆、有司机。也许在她看来，只有这种美好的童话故事，才能和她现在美容大亨的身份相匹配吧。

可是，不管你说她功利也好，说她势利也罢，雅诗·兰黛就是这样一个活得异常现实的女人。为了隐瞒出身，就连唯一的亲姐姐她都很少与之交往，更不用说那些同母异父的兄弟姐妹了。为了结交权贵，她一生都在追逐她所谓"真正的朋友"，从温莎公爵夫妇、罗丝·肯尼迪（美国总统约翰·肯尼迪的母亲），到摩纳哥王妃格蕾丝·凯莉、查尔斯王子，雅诗·兰黛从来就没有停下自己的脚步，当然，随着她的朋友圈逐渐扩大，档次逐渐提高，雅诗兰黛的知名度也不断提升。人们越来越相信它的诞生起源于一个来自奥地利的古老配方，而不是出自于一个落魄药剂师的不入流的个人实验室。

当然，除了结交权贵，雅诗·兰黛夫人越来越感兴趣的另外一件事，对提高雅诗兰黛品牌的美誉度更有帮助，那就是——慈善事业。

1962年，雅诗·兰黛和约瑟夫·劳德基金会成立，不过那个时候，雅诗·兰黛对于慈善活动似乎还没有那么大的热情，直到20世纪70年代，她才像许多美国的上流社会人士一样，把从事慈善活动当成了自己的一个爱好。雅诗·兰黛最著名的慈善活动，就是在纽约修建了三个儿童公园。雅诗·兰黛花了几十万美元，把公园的游戏场地换了柔软的沙地，并且为孩子购买了许多崭新的游乐设备。

不过，即便是从事慈善活动，雅诗·兰黛夫人给人的感觉也同样是充满了目的性。比如说，她捐资修建的三个公园中，有两个都位于富人聚居区；比如，当雅诗·兰黛的小儿子罗纳德开始想成为一名国家公务员的目标渐渐靠近时，雅诗·兰黛开始为提高罗纳德的公众形象而努力——她的慈善活动更多地集中在艺术领域，因为罗纳德热爱艺术和历史。仅以1982年为例，雅诗·兰黛和约瑟夫·劳德基金会向美国现代艺术博物馆捐资178150美元，而同一年，基金会向劳德家族赞助的第100个儿童乐园捐款1694美元。这也难怪，一位著名的慈善家不无揶揄地"称赞"雅诗·兰黛夫人是一个"精明的慈善家"。

当然，雅诗·兰黛夫人的慷慨付出从来都不会有去无回，热衷慈善同样为她带来了各种各样的荣誉：1978年，为感

谢雅诗·兰黛捐助重修凡尔赛宫的工程，法国政府授予她"荣誉骑士"勋章，这是由法国政府颁发的一项最高荣誉；1979年，雅诗·兰黛获得巴黎市的最高荣誉——金色的巴黎城市勋章。当然，在自己的国家，雅诗·兰黛夫人也绝不会被遗忘：纽约市长向劳德夫妇颁发了金苹果勋章；阿尔伯特·爱因斯坦医学院将雅诗·兰黛评选为美国最杰出的一百名妇女之一。美国总统理查德·尼克松甚至有意让雅诗·兰黛担任美国驻卢森堡大使。不过，她出人意料地拒绝了。

也许是她舍不得离开自己的蓝色帝国？1975年8月，美容界的"国王"查尔斯·瑞夫森因胰腺癌离世。至此，曾经风光无限的两位"美容女王"以及一位"国王"永远地成为历史，只有雅诗·兰黛，虽已年近七十，但仍然精力充沛。现在，她是唯一的"美容女王"了，没有人能够与她争锋，也许，她是太享受这种独享所有荣光的感觉了，所以即便是用大使的职位来换，她也不愿意。

第四节　女王谢幕　传奇不老

> 美丽是一种态度，而没秘密可言。世界上没有丑陋的女人，只有不在乎形象或者不相信自己魅力的女人！
>
> ——雅诗·兰黛

1979年万圣节前的一个黄昏，三个陌生男子闯入雅诗·兰黛夫人位于公园大道的家，抢走了她存放在保险箱里所有的珠宝首饰，以及约6000美元的现金。

这历时短短15分钟的抢劫事件，是雅诗·兰黛夫人漫长一生中最恐怖、最无助甚至是最羞辱的记忆。更让她难以忍受的是，各大媒体铺天盖地的报道不仅让她一次次重温那最痛苦的时刻，只有猎奇、没有同情和安慰的文章更让她感到深受嘲弄和嘲笑。面对媒体，雅诗·兰黛断然否认此次抢劫让她有任何的巨额损失，并从此拒绝接受采访。但这样一个轰动的社会新闻依然被媒体紧追不放，过了好长一段时间，"雅诗·兰黛夫人百万被劫案"才彻底从报纸上消失。

从那以后，雅诗·兰黛夫人不但为自己雇了两个保镖，而且很少出现在公开场合，即便是偶尔出现，她也坚决不允许记者拍照，尤其是当她佩戴着珠宝首饰的时候。不过，只要她出现，必然满身珠光宝气，这也就是雅诗·兰黛以后的20多年里几乎没有什么照片公开发表的原因。

1983年1月15日，一个更大的打击彻底击垮了雅诗·兰黛夫人——约瑟夫·劳德先生永远地离开了她，而这一天，恰好是他们结婚53周年的纪念日。那个善良正直、安静内向的男人，终其一生都陪伴在雅诗·兰黛的左右，伴她跋涉过最艰难的岁月，陪她穿梭于最无聊的晚宴，甘苦与共，从未离开。正是他的爱，给了雅诗·兰黛生命中最快乐、最幸福的时光。如今他走了，带走了他对他的"金发美人"始终不渝的爱，留下雅诗·兰黛孤独一人。正如她对朋友哭诉的那样，自从失去了约瑟夫，她已经"不知该怎么过下去了"！

除了偶尔出席雅诗兰黛的新产品发布会，"美容女王"雅诗·兰黛夫人基本上彻底地从公众的眼中消失了，雅诗兰黛渐渐地成为里奥纳多的雅诗兰黛。虽然这个男人始终没有学会像自己的母亲一样手腕圆熟、人情练达，不过，在雅诗兰黛公司首席执行官的职位上，他和她的母亲一样全力以赴，毫不懈怠。也正是在他的努力下，今天的雅诗兰黛最终发展成为世界上最大的化妆品帝国。1995年，雅诗兰黛公司在华尔街上市，当时市值50亿美元。不过，就像雅诗·兰黛夫人一直期望、一再强调的那样，尽管是上市公司，雅诗兰黛依然属于劳德家族，因为他们拥有绝对的控股权。不仅如此，劳德家族的第三代——里奥纳多的两个儿子威廉和盖瑞，罗纳德的两个女儿爱琳和简也都先后加入雅诗兰黛，接管这个由他们的奶奶一手创立的蓝色帝国。

直到2004年雅诗·兰黛夫人离世前，她的帝国所拥有的品牌包括：雅诗兰黛、倩碧、阿拉密斯、处方、起源、艾维达，以及其他一些专业的独立化妆师品牌，占据了美国高档美容化妆品市场的半壁江山，公司年利润高达47.44亿美元。无论是鲁宾斯坦夫人、雅顿小姐还是查尔斯·瑞夫森，这都是他们生前既无法想象也无法企及的成绩。

至于雅诗·兰黛夫人自己，无论生前还是死后，她都是雅诗兰黛公司永远的象征和不老的传奇。

结　语

成功需要机遇，这一点，没有任何人能够否认。在雅诗兰黛的故事里，如果没有萧兹舅舅的引领，雅诗·兰黛不一定会跨入这个美丽的行业，并把制造美丽、推销美丽作为自己终生奋斗的目标，最终建立起自己庞大的美丽帝国。但是，机遇并不是命运手中的魔法棒，轻轻一点，灰姑娘就会变成美丽的公主。如果没有改变自身处境的强烈愿望，并为此付出大量的努力，雅诗·兰黛就走不出那个被垃圾包围的家乡小镇，也许她依然可以过上相对比较安逸的生活，但是她绝对无法成为叱咤美容界的女王，更不可能成功叩开上流社会壁垒森严的大门，跨进那个她从少女时代起就羡慕不已的衣香鬓影的世界。这，同样是一个毋庸置疑的事实。

雅诗·兰黛无疑是一位非凡的女性，她的非凡之处倒并不在于她是世界上最富有的女性之一，而在于她是完全依靠自己的努力创造了这些财富。雅诗·兰黛虽出身平凡，但她却并不甘于平凡，更难能可贵的是，她从不认为自己是一位落难的公主，然后整天幻想着有朝一日一位英俊的王子骑着白马，踏着五彩祥云，把她从那个散发着臭气的小镇中解救出去。事实上，她不想依靠任何人来改变自己的生活，她只相信自己。当然，这"任何人"之中，也包括她的丈夫约瑟夫·劳德。也许劳德先生最后可以给她一份安稳的生活，但这样的生活显然并不能让雅诗·兰黛满足。当一名家庭主妇，留在家中相夫教子，这绝对不是雅诗·兰黛想要的，她的人生有更高远的目标。而实现这个目标，她必须靠自己。父亲也好，丈夫也罢，都不是可以依靠的力量，即便是萧兹舅舅，给她的帮助也只是领她入门、赠给她一个美容霜的配方而已。她深知，圆梦，只能依靠她自己的努力。

于是，我们看到，雅诗·兰黛从自己那间小小的厨房起步，一步步从街头推销发展到走进美容沙龙，走进高档百货商店……正是凭着自己对成功的执着追求、依靠自己不懈的努力，这个小镇少女才最终挣脱了由家庭背景、成长环境、教育经历以及身份地位等种种因素为自己人生划定的条条框框，走上了一条辉煌灿烂的成功之路。雅诗·兰黛成功地改变了自己的人生轨迹，当然，她也成功地在世人面前改写了自己的历史。抛开是与非的争论，如果仅仅是从商品营销与品牌推广的角度来看，此举无疑是成功的，虚构的美妙历史给了雅诗·兰黛和她的雅诗兰黛品牌一个实实在在的美妙未来。

如果一定要用两个字来形容雅诗·兰黛的一生，那么，我会毫不犹豫地选择这样一个词语：传奇。没有学历，没有背景，没有倚靠，白手起家，创造了一个世界知名的美容护肤品品牌，并建立起一个国际化的化妆品帝国，这不是传奇又是什么？何况，在美容界，时至今日，仍没有哪个人能够超越她的传奇。尽管在这个行业中，或者说，在这个世界上，不知道有多少人想把自己的人生变成一本传奇。

如今，雅诗·兰黛已逝去多年，只有她的传奇故事，在一代又一代后来者中流传。但愿我们每一个人都能从中汲取有益的成分，滋养我们自己的人生。